もっと
本が読みたくなる

読書論

図書館長からのメッセージ

和田 渡

晃洋書房

はじめに

本を読むひとが減り、地方の都市や町では書店や古書店が次々と消えているという。それに代わって、整骨医院や鍼灸院、スポーツジムや美容院が増えている。かつては、電車内で文庫本や単行本を読むひとをよく目にしたが、近年は、老いも若きもスマホに夢中だ。手っ取り早い情報収集やゲームのためにせわしなく指を動かすひと、ＬＩＮＥで頻繁にやり取りするひと、映画や漫画を見るひとは数知れない。まれに、電子書籍を読むひとも見かけるが、紙の本を手にするひとはほとんど見かけなくなった。

作家の堀田善衛は、フランスの作家、ミシェル・ド・モンテーニュとその時代を描いた長編『ミシェル　城館の人』の書店販売促進キャンペーンで、若者に力強いメッセージを送った。「十七歳から二十二歳までの読書が君の人生を決定する。本当にそうなのだ。怖いことだと思わないか。この世は君ひとりのものではない。他というものがいるのだ。その他とは何か、どういうものであるかを、教えかつ知らせてくれるということが、読書の中身なのだ。思慮深く、強い決断力をもった人間を育ててくれる、最良の手段が読書というものなのだ。きみがもう二十二歳を越えていても、遅すぎるということはない。一冊の書物を手にせよ。出発はそこからだ」。筆者は、『18歳の読書論――図書館長からのメッセージ――』の「はじめに」で、「『一五歳から二二歳の間にどんな本を読み、どんなひととつき合うかで、そのひとの生涯が決まる』という意味の文章を読んで、漠然と焦りを覚えた記憶がある」と書いた。自慢にはならないが、その焦りのせいで、二〇歳前後の時期に、大学の授業はそっちのけで、読書に熱中したものである。老いた今でも、読書は細々とながらも続いている。

スマホ全盛の時代に、本を読む意義を説くのは「絶滅危惧種」の仲間入りをすることかもしれない。第二の産業革命にも匹敵すると言われる対話型ＡＩがひとびとを虜にし始めると、本を読んで考えたり、考えたことを書いたりする時間はますます少なくなっていく。機械と人間の「疑似対話」が増えるなかで、堀田の強調する、読書を通じて「思慮深く、強い決断力をもった人間」になるチャンスも徐々に奪われていくことになる。「思慮深さ」という言葉がやがて死語になり、自分がすべき「決断」を機械にゆだねてすます時代が到来するかもしれない。

とはいえ、十代半ばから二十代初めの時期にどんな本を読むかで人生が決まる、堀田のこの確信をけっして無視してすますことはできない。それは真実だからだ。好奇心が薄ければ本を読む機会が訪れないのは事実だが、「自分とはなにか、他人とはなにか、人間とはなにか」、「善とはなにか、悪とはなにか」、「社会とは、世界とは、地球とはなにか」、「生きること、死ぬことの意味とはなにか」、「なぜ戦争が起こるのか」、「なぜ差別が生じるのか」、「なぜ格差は生まれるのか」といった問題に少しでも関心をもって考えようとすれば、頼りになるのは本だ。チャットGPTに問いかけて、即座に示される解答を読めばすむというものではない。これらの問いに結びつく本を探し出して、読めば読むほどに思索は深まり、考え方にも幅ができてくる。知らなかったことがあまりに多いことに気づくのも、自分の思考の狭さや未熟さに愕然とするのも本を読めばこそである。本を読むなかで、あらたな問いが次々と生まれ、本の著者との対話も発展し、進むべき方向や、自分の人生のビジョンも見えてくる。堀田は、「一七歳から二二歳までの読書が君の人生を決定する」と言う。たしかにその通りだと思うが、読書を通じて君が君の人生を決めることになるのもたしかだ。自分の人生を自分で実り多いものにするためには、自分が興味や関心をもって読める本を選択し、積極的に読んで考えることが欠かせないだろう。

君が高校生、あるいは大学生であるならば、ひとづき合いもむろん大切だが、本を友人にして、じっくりと考え、考えたことを文章にする時間も生きてほしいと切に願う。本を友とせずに過ごすということは、未熟で貧しいままの自分に甘んじて、自分を精神的に成長させないままに放置するということだ。それが実に怖いことなのだ。人間的な魅力の乏しい大人として生きて、死んでいくことになるからだ。

二二歳は、多くの大学生にとっては学生生活からの別れの年齢であり、社会人生活への出発の時期である。学生生活の間に本を友として過ごし、本の世界に魅了されたひとは、卒業後もおそらく本とのつき合いを続けるだろう。そのつき合いは、自分の人生だけでなく、他人と共に生きる人生により豊かな彩りを与え、人生を濃密なものにするに違いない。
一冊の本を手にしての出発。本を愛するひとに乾杯!!

目次

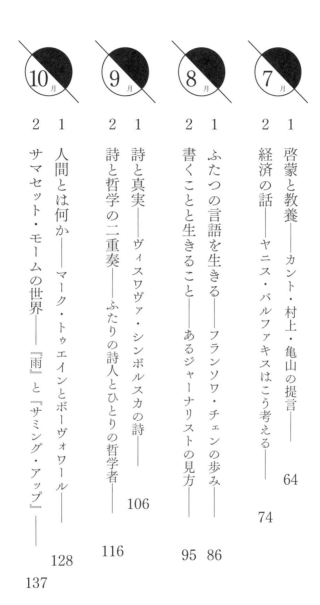

7月

8月

9月

10月

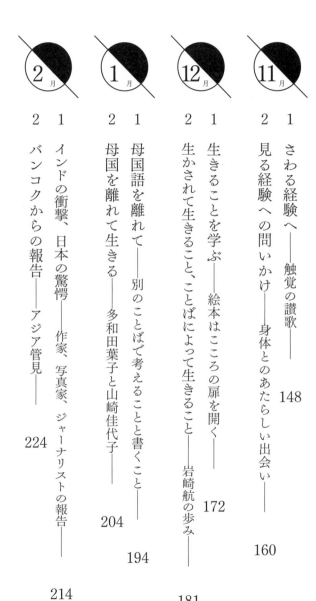

3月

4月

5月

6月

3月

7月

2月

8月

サクラ

精神の美

1月

9月

12月

11月

10月

4月1日

文学と宗教への招待

――若者たちへ――

ジョン・サザーランドの『若い読者のための文学史』（河合祥一郎訳、すばる舎、二〇二〇年）は、文学の魅力を分かりやすく語った名著である。著者は、ヴィクトリア朝小説と二〇世紀文学の専門家。ユニバーシティ・カレッジ・ロンドンの現代文学名誉教授である。二〇〇五年には、イギリス最高の文学賞であるブッカー賞の審査委員長を務めた。

本書は、イェール大学出版局の「リトル・ヒストリー」シリーズの一冊である。文学の森は途方もなく巨大で、入り組んでおり、どんなに本好きのひとでも、その森のほんの一部にしか入りこめない。「リトル・ヒストリー」という制約上、文学の森を踏破することなどできない。あれもこれも選ぶわけにはいかないとなると、どんな基準を設定するのか。著者は、本書の狙いを控えめに語っている。「『多くの人が大切だと思ってきた作品なので、あなたもそう思うかもしれないが、最後は自分で決めてください』式の助言であるとお考えいただきたい」（9〜10頁）。膨大な文学作品のなかで、どんな本を読むことになるかは、本人の好み、関心次第であるが、よいブックガイドがないと、自分に合った本になかなかめぐり会えない。本書は、間違いなく最良の作品紹介書である。著者は、文学の歴史の全体を見渡しながら、特に若者にすすめたい作品を選んでいる。作家の描写や作品の切り口がシャープで、ユーモアにもあふれている。「これはぜひ読んでみよう」と誘惑される本が何冊も見つかるだろう。

著者は、文学への信頼をこう表現する。「物事を深く考える人の人生において、文学は大きな役割を果たす。人は、家や学校で多くを学び、自分より賢い人や友人からも学ぶ。けれども、私たちの知っている最も重要な事柄の多くは、文学を読んで学んだことではないだろうか。（中略）文学を読んで過ごす時間は、いつだって充実している。それはまちがいない」（10頁）。巷にあふれる多種多様な娯楽に時間を費やすよりも、読書の至福の時間を好むひとは、同意するだろう。著者はこうも述べる。「文学とは、私たちを取りかこむ世界を表現し解釈する最高の人知であると言うべきか。最高の文学は決して物事を単純化せず、複雑な世界を受け入れられるように、心と感受性を広げてくれる」（14頁）。優れた文学作品は、「なぜこんなことが起こるのだろうか」、「われわれはどんな世界に生きているのだろうか」、「この先どんなふうにして生きたらいいのか」といった無数の問いを読み手に投げかけてくる。これらの問いをじっくり考えるなかで、世界の複雑な仕組みや成り立ちに関心をもつようになり、それとともに心が深まり、感受性もより鋭敏になっていくのだ。

「なぜ文学を読むのか」（14頁）。著者の見解はこうだ。「ほかのどんなものにもできないやり方で人生を豊かにしてくれるからだ。読むことで、さらに人間らしくなれるからだ。そして、じょうずに読めれば読めるほど、より多くの恩恵が得られるのである」（同頁）。どんな人生が貧しく、どんな人生が豊かなのか。正解はない。人間らしいとはどういう意味か。さらに人間らしくなるとはどういうことか。こちらにも正解はない。確かなことは、いい本を読むと、しばしば自分が貧しい生き方しかしてこなかったことに気づけるということだ。その反省をばねにして、もっと自分を豊かに成長させたいという欲望が生まれてくる。もうひとつ確かなことは、非の打ち所のない、真に人間らしい人間などどこにもいないということだ。脛に傷のないひとはいないし、悪事と無縁なひともいないだろう。人間の格好をしていても、人間にふさわしいふるまいをしているとは限らない。だからこそ、人間らしくなろうと願うひとがいる。そういうひとに生きるヒントを与えてくれるのがいい本である。

「リトル・ヒストリー」と銘うった本書は、古代の神話から出発し、その後の文学の一部を概観しつつ、さらに文学の未来を展望している。英語で読める文学作品は数限りないので、どの本を読んだらいいのか戸惑うひとは少なくないだろう。本書は、そういうひとに、「こんなにも魅力的な本がありますよ。いかがですか、読んでみては」と巧みにつぶやきかけてくる。ぜひ誘いに乗ってみてください。

本書は全部で四〇章からなるが、タイトルの一部は、こんな具合だ。1．文学とは何か（C・S・ルイス／ディッケンズ）、4．人間であること――悲劇（アイスキュロス／ソフォクレス／エウリピデス）、8．本のなかの本――欽定訳聖書（ティンダル）、14．読み方――ジョンソン博士（サミュエル・ジョンソン）、

19．人生文学——ブロンテ姉妹（シャーロット／エミリー／アン・ブロンテ）、21．デカダンスの華——ワイルド、ボードレール、プルースト、ホイットマン、24．偉大なる悲観論者——ハーディ、36．マジック・リアリズム——ボルヘス、グラス、ラシュディ、マルケス、37．文学の共和国——境界のない文学（ラクスネス／モー／村上春樹／シンガー）、38．罪悪感のある快楽——ベストセラーと金儲けの本（リチャードソン／スコット／ユゴー）、40．文学とあなたの人生——そしてその向こう（マクルーハン／ギブソン）。

それぞれの章は、長くて一〇ページで、ほとんどがそれ以下に短くまとめてある。しかし、中身は濃いので、じっくりと味わって読めばいい。神話、叙事詩、キリスト教、欽定訳聖書の影の訳者、ユートピアとディストピアなどについての記述には、著者の博識がいかんなく発揮されている。

四〇章で、著者は、オーディオ・ビジュアルに慣れ、ヴァーチャル文化に親しむ若者には、ページの上の文字があまり魅力をもたなくなってきていると述べている（364頁参照）。日本でも同じだ。他方で、あたらしい傾向としては、インターネット上で、小説好きのひとが自由に小説を載せて、意見を言い合ったりして交流する「ファンフィクション」が流行しているという（365〜367頁参照）。印刷の必要もなければ、出版社も不要である。ファンフィクションは、「大勢がわいわいと集まって書き合う読者に向けて書かれた小説」（366頁）である。複数のひとが参加するなかで、小説が増殖していくのだ。「これはなかなか刺激的である」（367頁）、著者の感想である。

おしまいの方で、著者は一章の延長として、文学の効用についてこう語る。「文学は、私たちより偉大な思考の持ち主たちと会話をすることであり、どのように人生を生きたらよいのかの指標を楽しく示してくれるものであり、私たちの世界がどこを目指していて、どこへ向かうべきかについて論じてくれるものだ」（367頁）。今後は、読者が大量の情報に押しつぶされて身動きがとれなくなるという最悪の事態が出現するかもしれない。「しかし、まずだいじょうぶだろう。そう思える理由がある。人類の精神がすばらしい想像力によって生み出した文学が、どのような新しい形に変化しようとも、永遠に私たちの人生の一部となって、人生を豊かにしてくれるはずだから」（同頁）。著者の楽観的な予測は当たるだろうか。

リチャード・ホロウェイの『若い読者のための宗教史』（上杉隼人、片桐恵里訳、すばる舎、二〇一九年）は、宗教の起源から今世紀までの宗教史の全体を見直し、今日も存続する多種多様な宗教を公平な観点から解き明かした好著である。若くても仏門に入るひともいれば、熱心に教会に通うひともいる。しかし、日本の多くの若者は宗教には無頓着だし、家の宗派を問われても答えられないひとが少なくない。けれども、世界に目を転じれば、宗教の炎は燃えさかっている。イスラーム教の隆盛は、これからの歴史を激変させる可能性がある。

著者は、スコットランド聖公会のエディンバラ主教を務めた。同性愛者の結婚や、女性聖職者を支持するなど、進歩的な人物だった。他のさまざまな宗教に関する恐るべき博識がこの本の出版を可能にした。『ブックリスト』では、「宗教史に関して詳細で奥深く、かつ読みやすい解説を求める読者にとって本書は最適な導入書である」（337頁）と評せられた。本書は味気ない解説書などではなく、読者にすぐれた文学作品を読むときのような興奮と感動をもたらす格別の一書である。著者は、各宗教の評価や比較を行うだけにとどまらず、問題点も指摘している。宗教と暴力という喫緊の問題にも踏みこんだ考察を行っている。

本書も、イェール大学出版局の「リトル・ヒストリー」シリーズの一冊である。「1．誰かいるのか？」から「40．宗教の終わり？」までの全四〇章で、それぞれ一〇ページ以下と、コンパクトにまとめてある。ヒンドゥー教、仏教、ジャイナ教、ユダヤ教、キリスト教、ゾロアスター教、儒教、道教、日本神道、ローマ帝国の密儀宗教、イスラーム教、シク教、イングランド国教会、クエーカー派、アメリカの先住民、黒人の宗教、モルモン教、セブンスデー・アドベンチスト教会、エホバの証人、キリスト教科学、サイエントロジー、統一教会、エキュメニカル運動、ババイ教、ファンダメンタリズムといった多彩な宗教の根幹に触れることができる。「目から鱗」の記述が満載で、人間と宗教の深い結びつきを知ると、人間や世界の見方が変わることは間違いない。ぜひ、さまざまの宗教の成り立ちや教義について知ってほしい。

著者によれば、ことばを授かった人間は「考えずにいられない」（傍点著者）（10頁）。人間は宇宙の起源を考えた。神による宇宙創造を信じるかいなかで、「有神論者」と「無神論者」に別れる。人間はまた、死ねばどうなるのかを考えた。死ですべてが終わるのか、それとも死後の世界があるのか。宗教は、このふたつの問いと結びつく。

紀元前一三万年頃からある種の宗教的な信念をもって死者が埋葬されていたという証拠が発見されている(14頁参照)。死者は別の世界へと旅立つと信じられていたのである。現代でも、薄れたとは言え、死者を丁重に弔う習慣は生きている。肉体を脱け出した魂が向かう世界があると信じるひとも少なくない。昔も今も、人類の歩みは、超自然的な存在としての神や、現実とは別の世界を信じるという宗教的な生と結びついてきたのである。

時代が過ぎるなかで、向こうの世界を訪ねたというひとや、向こうの世界から会いに来たというひと(預言者や聖者)が現われ、自分の見聞をひとびとに話し、それを信じるひとびとが信者としてつき従うようになる。彼らの語りは信者によって記憶され、口伝えに広がるが、やがて紙に書きとめられ、聖書や聖典となっていく。「宗教の歴史とは、こうした預言者や聖者、彼らが始めた運動、彼らについて書かれた聖典に関する物語だ」(18頁)。

以下では、ヒンドゥー教、仏教、ジャイナ教に関する記述をのぞいてみよう。

本書の第三章は、現存する宗教のなかで最古のヒンドゥー教が主題である。インドの預言者や聖者たちは、人間は死んでも、「各自のカルマによって決定された別の命を得て再び地上に戻る」(27頁)と考えた。「輪廻転生」である。人間のみならず、世界そのものも死と再生の法則に従う。しかし、このプロセスが永遠に続くわけではない。「魂は輪廻のなかを流転し、八〇〇〇万回も姿を変えるが、最後には『解脱』して、つまり存在から解き放たれ、海に落ちる雨粒のように永遠に姿が消えてなくなる」(28頁)。「解脱」がヒンドゥー教の最終目標だ。

ヒンドゥー教の聖典を学びつつ、魂を輪廻の輪に拘束するものがなんであるかを問い、魂が救済されるまでに八〇〇〇万回もの転生が必要なのかどうかを考え続けたのがガウタマ(ゴータマ)・シッダールタである。王子として恵まれた環境にあった彼は、二九歳のときに、そとの世界で生きるひとびとの現実を知って、ひとは生まれて、病気になり、老いて、死んでいかざるをえない(生病老死)、ひとはつきることのないさまざまな欲望にまといつかれて、苦しまざるをえない(四苦八苦)と認識した。その後、彼は欲望の苦しみから自らを解放し、悟りを得るために、六年間、厳しい瞑想と苦行に明け暮れたが、求めるものは得られなかった。ある日、彼は菩提樹の下でこう決心した。「この皮膚や神経や骨が腐ろうと、血が枯れようと、悟りを得るまでここにずっと座り続けよう」(47頁)。七日後に、彼は、欲望を消し去ろう、煩悩から逃れようと望むことこそが悟りの障害だと気づいた。悟りを開いた者(仏陀)となった彼は、欲望による輪廻転生は、欲望と苦しみのどちらにも傾かない「中道」を歩むことで閉じられると説いた。「中道」の道標となるのは以下の四つの真理である。1．すべての生は苦にみちている、2．苦しみの原因は煩悩である、3．煩悩は滅することができる、4．煩悩を滅するために八つの道(八正道)がある。すなわち、正しい見方をし、正しく考え、他人を中傷せず、粗暴なことばを使わず、盗みや殺生や恥ずべきことをせず、他人に害をおよぼさないようにすれば、苦しみはなくなるというのである（49頁参照）。仏陀の教えは実践的である。今日でも、仏教の世界に生きるひとは、座禅や瞑想、日々の修行を通じて、煩悩の制御と自己の魂の浄化に努めている。

仏陀の死後、仏教は世界に広がったが、インドの地にとどまったのがジャイナ教である。ジャイナ教は、きわめて厳格な禁欲の道を説く宗教である。ジャイナ教の開祖と言われるマハーヴィーラは、仏陀と同じ地域に生まれ、同時代を生きた。一豪族の王子だったが、特権的な生活を放棄した。マハーヴィーラも仏陀と同様に、欲望が苦しみの原因であり、それを捨て去ることで救済が可能になると説いた。そのための五戒が、「生きものを傷つけない」、「他人のものをとらない」、「嘘をつかない」、「みだらな性的関係を結ばない、出家者は性的な行為を行わない」、「なにも所有したいと思わない」である（52〜53頁参照）。このなかでもっとも厳しい戒律は、不殺生である。ジャイナ教徒は、気味の悪い昆虫であれ、ひとの血を吸う蚊であれ、けっして殺さない。地面を歩くときには、無数の小さな生き物を殺さないように、柔らかい羽の箒を使って掃きながら注意深く歩く。動物は言うまでもなく、生えている植物も食べない。彼らは、地面に落ちた果物を口にして生きる果食主義者である。

マハーヴィーラは、七二歳で断食による死を選んだ。それまでに一万四〇〇〇人の僧と、三万六〇〇〇人の尼僧を従えたと言われる（57頁参照）。

インドには、今でも、ジャイナ教の戒律を厳守する僧や尼僧のほかに、在家信者も多いという。ジャイナ教の考え方は、ベジタリアン運動につながった。政治家のマハトマ・ガンディーやマーティン・ルーサー・キング牧師にも影響をおよぼした。極端な考え方を退けることは易しいが、人間の際限ない欲望が現代の地球環境の激変、気候変動や生態系の危機をひき起こしていることを考えれば、今こそわれわれはジャイナ教に多くを学ばなければならないのかもしれない。

4月2日

考えるよろこび
――思考が開く地平――

「人間は考える葦である」ということばでよく知られたパスカルは、『パンセ』のなかで、「考えることが人間を偉大にする」と述べた。考えることを通じて成長し、すぐれた存在にもなり、考えることを避けて通るうちに卑小な存在にもなりうるのが人間だと、パスカルは言うのである。

「考える」とは、いったいなにを意味するのだろうか。学校では、「自分の頭でよく考えなさい」と先生に説教される。先生は、「考えること」がどういうことかを生徒に詳しく教えることをすっとばして、「よく考えなさい」と命令するだけだ。他方で、ベルトラン・ヴェルジュリというフランスの高校の先生は、『幸福の小さな哲学』（平凡社、二〇〇四年）という本のなかで、考えることも、音楽や哲学と同じく、学んで初めてできるようになることとだと強調し、こう述べている。「自分の考えを組み立てられるようになるためには、何年もかかる。先生がいて、生徒に哲学の本をきちんと読みこむことを教えて、はじめてそれができる」（17頁）。ヴェルジュリによれば、深く考えるためには長期にわたるレッスンが欠かせない。よい教師の手ほどきと、自分の積極的な習練がなければ、筋の通った思考にはつながらないというのだ。ことばを授かり、話せるようになれば、われわれは日記や作文を書き、友達との会話や議論をするようになる。その種の日常的な経験を通じて、われわれは考えながら生きていると思い、そのことを当然のこととして了解している。しかし、その自明な事実を疑わないままに、考えて生きていると思いこんでいると、思考は平凡で日常的なレヴェルにとどまったままだ。「考えること」がどういうことなのかについて、いったん立ちどまって反省してみるのは、考えて生きているという思いこみを打ち砕くのに有効である。パスカルの言うように、人間は考える葦であるとしても、考え方には多種多様な差異というものがある。

書店の本棚には、考えることを主題にした本や、思考力を強化する方法や思考術などについて述べた本などが並んでいる。論理的思考力や批判的思考力の身につけ方を論じる本もあれば、理系と文系の考え方がどう違うかを説明する本もある。考えるためには、先生の手ほどきを受けたり、しかるべき本を読んで、学んだりする必要があると信じるひとびとが多い証拠だ。

しかし、思考力の強化に役立つのは、教師による指導や本にとどまらない。そうしたものに頼らずとも思考力を強化する方法がある。それは、自分の知らない世界に飛びこんで、思いがけない困難に直面し、もがき苦しむことである。困った事態に陥れば、そこから脱け出すためにどうすべきか必死で考えなければならない。一度は絶望して、行き場を見失ったとしても、それを生き抜いた経験のなかから、周りを観察する力、自分と対話する力や、自分を励ましたり、叱咤したりする力が育ってくる。苦しむという経験は、まぎれもなく思考力の強化につながるのだ。

廣津留すみれの『私がハーバードで学んだ　世界最高の「考える力」』（ダイヤモンド社、二〇二〇年）は、思考力を鍛えるためのノウハウを、自分の留学経験をもとに平明に語った本である。「私がどうやって成果を最大化してきたか」、「考える力の伸ばし方」、「考える力を伸ばす習慣術」、「英語脳でロジカル・シンキングを伸ばす」、「考える力で仕事力をアップする」、「音楽脳で考える力を育てる」の全六章からなっている。

廣津留は、地元の公立高校を卒業後、ハーバード大学に進学し、音楽理論と、副専攻で国際保健を学んだ。その後、ニューヨーク・ジュリアード音楽院でバイオリンを専攻して卒業した。留学の決断は、慣れ親しんだ生活からの決別、『『快適なゾーンから出る』』（2頁）ことを意味した。

廣津留は、入学早々に、ハーバードの大学生たちの「知的好奇心」と「思考力」の高さに度肝をぬかれた。彼らは、さまざまなことがらに強い興味を示し、自分なりに熱心に考え、それを他人にきちんと伝達する力を身につけていたからだ。たとえば食堂での仲間同士の会話ひとつにしても、最先端の生物学や、投資会社が駆使する応用数学が話題にのぼり、それぞれが相手の考え方を聴いて、自分の意見を言う。丁々発止のやりとりが続くのだ。

アメリカでは、小学生の段階で、自分が興味をもつことについての考えを誰にも分かるように論理的に表現する仕方を学ぶ。序論（導入部）で問題を提起し、本論でそれを詳しく論じ、結論を導くという小論文作成の技術を徹底的に教えこまれる（157〜161頁参照）。こうした基礎訓練を受けているからこそ、大学生の多くは、議論に夢中になって楽しむことができるのだ。廣津留はその場に居合わせ、大学生同士の刺激的な会話を聴いているうちに、「『考えること』の楽しさ」（4頁）に気づき、ワクワクする。「考えること」は、面倒なことでも、嫌なことでもなく、純粋に楽しいことだという発見は、彼女のその後の生活を一変させた。

彼女は、授業に出席するうちに、「考えること」は、楽しいだけでなく、学生生活を生きぬくために必要不可欠なことでもあると気づく。大学の少人数クラスの授業では、なによりも積極的な発言が求められる。日本の大学では、出席で学生を管理する傾向が見られるが、彼女のクラスでは、教師は出席を取らず、学生の発言回数と発言内容を重視した。成績評価でも、発言記録が重んじられた。授業内容をよく考えて、他の学生とは違う考え方や意見を表明しないと単位は出ない。出席さえすれば、黙っていてもOKという日本とは大違いだ。彼女は、最初はこの授業スタイルになじめず、ついていけなかったが、教師に助言を求め、苦境を打開して、困難を乗り越えた。

アメリカの大学では、ハーバードに限らず、授業では毎回大量の課題が出される。それを必死にこなす過程で、おのずと考える力が磨かれる。彼女はこう述べている。「無理に思えるほどの課題を解決するために頭を超高速回転させるような、自分の限界を超えて頭を使わないといけない環境にあえて身を置くようにすれば、地頭力は鍛えられます」(117頁)。課題のなかでよく求められるのが小論文である。「ハーバードの授業では、『遺伝子操作の倫理性』や、『中国の大気汚染』といったトピックについて新聞記事を三本ほど読み、それをもとにして小論文で自分の考えをまとめる課題がよく出されていました」(173頁)。記事を精読し、論者の見解を把握し、自分の同意点や批判点を整理したうえで、序論で自分の問題を提起し、本論でそれを展開し、結論を導く作業は、思考力を強化するために有効である。

本書には、大学生向けのアドバイスだけでなく、社会人にも役に立つ指摘があふれている。ぜひ参考にして、生きること、学ぶこと、考えることに目を向けてほしい。

文芸評論家、江藤淳の『考えるよろこび』(講談社文芸文庫、二〇一三年)は、一九六八年から六九年にかけて行われた六つの講演をまとめたものである。「考えるよろこび」、「転換期の指導者像——勝海舟について——」、「二つのナショナリズム——国家理性と民族感情——」、「女と文章」、「英語と私」、「大学と近代——慶応義塾塾生のために——」の六つである。この時期の前後に、『成熟と喪失』、『漱石とその時代』、『一族再会』、『海舟余波』といった主要な著作が書かれている。

「考えるよろこび」は、若者向けの講演記録である。学生時代にこれを読んで感動した日のことは、いまも筆者の記憶に鮮明に残っている。江藤は、ものを考えることを通じてなにかを発見したときに、人間はよろこび、一種の昂揚を感じるという（10頁参照）。「発見」についての江藤の発言が心に響く。「どんな人間にとっても一番根本的な問題は自分ですから、自分についてなにかを発見したとき、わたくしどもは目からウロコがおちたような啓示を味わいます。他人のことはどうでもいいとは申しませんが、結局自分というものをひきうけて、わたくしどもは何十年も生きるのですから、この自分についての発見ということが、ものを考える上で一番根本的な基準になろうかと思うのです」（10〜11頁）。青春時代には、誰もが「自分は一体なにものなのか」、「自分はどこから来て、どこに行くのか」といった問題に思い悩む。こうした問題を「少し深く考えようとすると、いつも自分を通じて人間を考えてしまう。自分を通じて社会を考え、歴史を考える。そういう考えの経路をわたくしどもは無意識のうちにたどっているのです。したがって、自分についての発見ということが、ものを考えるということの出発点でもあり、ゴールでもあるのではないかと思われます」（11頁）。どんな問題を考えるにせよ、考えるのは自分自身であり、それを他人まかせにはできない。江藤は、考える存在としての自分に気づき、その自分が他人や社会、歴史に結びついていることを発見することはよろこび以外のなにものでもないと語る。この発見を起点として、自分を通じて考える試みが一生続いていくと江藤は考えた。この試みは、考える自分を考え、自分と結びついているものを考え、さらに、考えている内容を考え直しながらゆっくり進むものであるから、終わりがない。江藤がよろこびと見なした自分の発見は、一度限りのものではない。日々変化する自分は何度でも発見され直すものであるから、そのつどよろこびを享受できることになる。すばらしい経験ではないだろうか。

江藤は、この講演で三人の人物を取りあげている。ひとりは、ソポクレスの悲劇『オイディプス』の主人公である。この悲劇の最後で、オイディプスは、自分の忌まわしい過去の真実を知り、その罪を引き受けんと自分の両眼を抉り出して、放浪の旅に出る。江藤は、この人物に「どんな残酷なものであれ、勇気をふるって真実に直面する人間」(17頁)を見て、感動すると言い、こう語る。「ものを考える人間の姿。ものをつきつめて知ろうとする人間のおそれ。そしてものを考える人間が究極において持っていなければならない勇気。人間にとって一番重要なことは、自分を知ることである」(18頁)。

二人目は、「あなた自身を知りなさい」という忠告で有名な哲学者ソクラテスである。江藤によれば、ソクラテスは考えるよろこびを説き、自分でもそれを実践した人物である。「彼はあくまでも物を考える、公平にものをみて、信念を行うという人であり、考えをつきつめてものごとを知るということが、必ず勇気を伴わなければならないということを知っている人だった」(35頁)。

三人目は、エドマンド・ロスというアメリカの上院議員である。この人物は、大統領弾劾の可否が自分の一票で決まるという場面に直面して、賛成しなければ政治生命を絶たれるというぎりぎりの状況で、自分の政治上の信念を貫いて、反対票を投じた。江藤は、考えに考えぬいて、身の安定よりも、自分の思考に忠実であることを選択したロスの勇気を賞讃している。

これら三人は、ものを考える人間として、周囲に妥協せず、未来を恐れず、自分を貫いて生きている。江藤は、その三人とも、自分に即して考えるよろこびを見出していたからこそ、勇気ある行動を取れたにちがいないと推測している。

丹羽宇一郎、藤井聡太『考えて、考えて、考える』（講談社、二〇二一年）は、二〇一〇年に民間人として初の駐中国大使を務めた老人と、将棋の世界で活躍する若者の対話をまとめたものである。ふたりの年齢差は六三歳だ。帯には、「年齢も活躍する分野も大きく異なる二人。その二人の真摯な対話から見えてきたのは、人間の強さの本質、そして考え抜くことのおもしろさと喜びだった」とある。本書は、「『強くなる』ために何をするか」、「『勝つこと』がいちばんじゃない」、「学びの本質」、「自主自立の生き方」、「ＡＩとこれからの世界」の全五章からなる。

棋士には、パスカルの「人間は考える葦である」ということばがよく似合う。将棋は、盤上の四〇の駒をどう動かして、相手よりも早く王を詰めるかの勝負である。ものを言うのは、何十手も先を読む力、相手の心理を読む洞察力、駒の世界を組み立てる構想力などの思考力である。重要な局面では、長考が一時間以上も続く。こちらのコマの動きに相手がどう出るか、それに対してどう立ち向かうか、自他の駒の動きには無数の展開の可能性があるため、思考の働きは止まらない。

将棋は、藤井が言うように、「一人で考えて指す孤独な闘い」（37頁）である。その闘いのなかで、相互の集中した思考力と、先の先を読んでいく思考力が競い合い、それが駒の動きに反映して、刻一刻と変化する世界が繰り広げられる。ＡＩは、一秒間に数千手先まで読めても、自分の手を反省したり、しばらく盤面を離れて違うことを考えたりすることはできない。まして、局面の意外な展開に遭遇して、楽しいと感じたりすることはないだろう。藤井は、対戦相手の力強い構想を見せられたり、それまで経験したことのない局面に直面したりすると、楽しさを感じるという（18頁参照）。むずかしい局面になればなるほど、深く、するどく考えぬかなければならないが、藤井はそこに一種の快楽を見出すのである。藤井にとって、勝敗は二の次である。「未知の局面を前にしたときに、それに対してどう最善を追究するか。勝敗に関係なく、それを追究するのがいちばん大切なことかなという気がします」（204頁）。この発言に対して、丹羽はこう応じている。「勝ち負けだけじゃ、そんなに楽しいものにならないですよね。誰も解けないと思われるようなものを解いたときは、楽しいんじゃないかなと思います」（同頁）。藤井の「もっと強くなりたい」という発言は、勝負に勝つことよりも、困難な局面を一歩一歩乗り越えていく棋士になりたいという願望を意味している。それを可能にするのが、自分の弱点や短所を修正する思考、最善の一手を導く思考である。その思考に徹することが、藤井にとってのよろこびになる。

5月

4月

6月

3月

7月

2月

8月

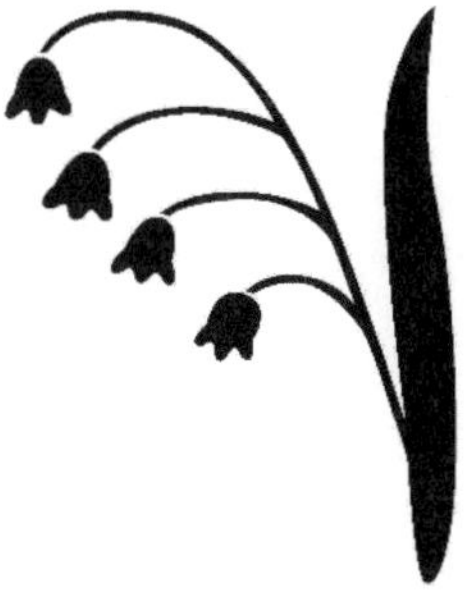

スズラン

純粋

1月

9月

12月

11月

10月

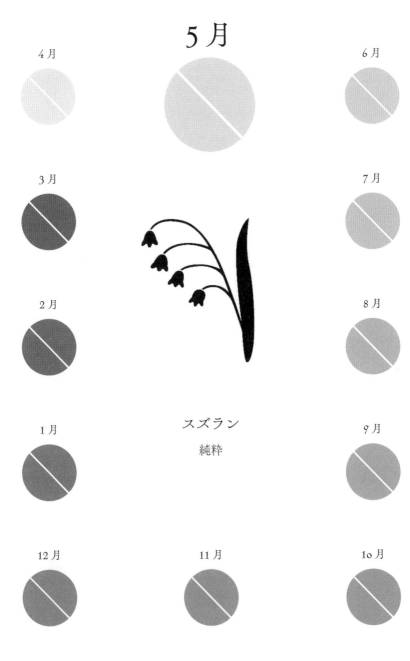

5月1

水の惑星の変貌と危機
――いま世界で起きていること――

マッティン・ヘードベリの『世界の天変地異――本当にあった気象現象――』（ヘレンハルメ美穂訳、日経ナショナルジオグラフィック社、二〇二一年）は、近年、世界の各地で、これまでにない規模で起きているさまざまな気象現象を写真と文章で示したものである。著者はスウェーデンの気象学者、ストックホルム大学で気象学を学び、空軍で航空技術を習得し、気象学者と航空士になった。本書には、大気圏を飛行することで可能になった、思わず息をのむ写真がいくつもおさめられている。いま世界の各地で起きている海と空、森や大地のただならぬ姿がそこにある。著者は、当初は探検旅行やスポーツ参加者に気象情報を提供することをめざしていたが、その後、気候問題に強い関心を示すようになった。著者は「はじめに」でこう述べる。「人間は、自然と協調しなければ生きていけない。自然がなければ、人間もない。私たちは自然の一部、自然は私たちの一部だ。私たち人間は、気象に、気候に、生態系に影響を及ぼし、逆に影響を及ぼされてもいる。地球上にあらゆるシステムが互いにつながっている。すべてが変化し、すべてが絶えず動いている」（9頁）。自然と人間はたがいに連動しつつ生成している。しかし、人間が傲慢にも自然との共存の絆を断ち切り、自然を意のままに管理・支配しようとすれば、自然は未曾有の現象で答える。それが、著者の言う「極端な気象」(同頁)である。「極端な気象」とは、気象予報でよく耳にするようになった、「これまで経験したことのない自然現象」を指す。大規模な森林火災、すさまじい熱波と豪雨と大洪水、見たこともないオーロラや雲の出現、氷河の崩落、永久凍土の融解などである。本書によって、自然の底力を前にした人間のちっぽけさと、気象現象の壮大さが浮き彫りにされている。

本書は、「はじめに」、「大気の大循環」、「風」、「温度」、「降水」、「さまざまな現象」、「未来の気象」、「エピローグ」からなっている。大気の循環や風、雨などの自然現象に関する記述は簡潔、明瞭で、素人にも理解しやすい。「風や海流はどのようにして生まれるのか」という疑問に、著者はこう答える。「風と海流は、自然が空気中の温度差や湿度差、海水の温度差や塩分濃度の差、海上を吹く風の差を小さくして、バランスを取るための方法だ。空気は気圧の高いところから低いところへ流れたがる。冷たく重い空気は温かな空気の下へ流れ込む」(18頁)。すべては自然の采配によるものである。竜巻は、雷雲の下で、地表に向かって伸びる「象の鼻」のなかで風が渦巻く現象だ(18頁参照)。地上の建造物を一瞬にして吹き飛ばす巨大な竜巻の写真(24~25頁、27頁、28頁)には恐怖を覚える。

99頁の死に瀕した珊瑚礁の写真は、ショッキングな一枚である。「ストレスにさらされる海の熱帯雨林」という見出しがついている。珊瑚礁は海全体のわずか一%にすぎないが、海の動植物の四分の一の暮らしを支え、すべての部分が互いに作用し合い、周囲の海とも作用し合うという精緻なシステムを形成している(98頁参照)。その珊瑚礁の多くは、人類の排出する二酸化炭素や、汚染化学物質、プラスチック、原油流出、珊瑚の破壊、土壌浸食による海水汚染、海水温度の上昇などによって生存を脅かされている(同頁参照)。

124〜125頁の「減少する雨林」という見出しがついた熱帯雨林の写真もインパクトがある。「地球上の動植物の半数が、熱帯雨林に生息している」(126頁)。一〇〇年ほど前には地球上の面積の約一四%を占めていた熱帯雨林は、人間の活動によってむしばまれ、半数は様変わりしてしまった(同頁参照)。生物種の減少にともない、雨林内での相互作用や、雨林と生物種の相互作用も失われ、環境は激変しつつある。

126〜127頁には、ブラジル北部で、雨林を伐採したのちに整地された、大豆を栽培するための広大な土地の写真が掲載してある。ブラジルでは、経済活動を優先する現政権のもとで、アマゾンの熱帯雨林の伐採は急速に進み、放牧地や農地が増えている。金採掘を目当てにした違法な森林破壊も後を絶たない。熱帯雨林の消失が地球環境にもたらす深刻な影響も危惧される。

「未来の気象」のなかで、著者は、今後の温度上昇、洪水の頻度、巨大台風やハリケーンの襲来の頻度、氷河の崩壊と海面の上昇などによって、気候システムそのものに「眠れる巨人」と呼ばれる大規模な変化が起こりうると予測している(182頁参照)。この巨人が目を覚ましたとき、「メキシコ湾流、砂漠化、海の酸素濃度、珊瑚礁、アマゾン熱帯雨林、モンスーンによる雨、永久凍土、氷河、北方林」（同頁）などに甚大な影響が生じると予言している。この章は、こう締めくくられている。「温室効果を助長したことで、人類は気候システムに興奮剤を与えたようなものだ。私たちは、さらに極端な気象に見舞われることになるだろうし、大規模な変化も覚悟しなければならない」（183頁）。

「エピローグ」は、本書の核心部だ。二〇一五年のパリ協定で、気候変動による温度上昇の目標数値を一・五℃までに抑える努力をすることで合意がなされた。学者、政治家、産業界、各個人、社会全体は、何十年も前から温度上昇がもたらす深刻な事態に気づいていながらも、具体的な対策に取り組んではこなかった。危機的な状況は刻々と明らかになりつつある。

著者は、今日の状況をこう診断する。「人類は、生態系全体にも、一つ一つの生物種にも、とてつもなく大きな影響をおよぼしていて、プランクトンから霊長類まで、地球上のあらゆる陸地、あらゆる水流や海の中に生息する、あらゆる生物を激減させてきた。方法はいろいろだ——インフラ建設、森林伐採、大規模な単一栽培農地の造成、乱獲、粒子の排出、化学物質による汚染、医薬品の廃棄、プラスチック、騒音、光など」（185頁）。人類の破壊的な経済活動の特徴は、自然を所有物と見なして、技術的に管理し、変形し、人間の都合のいいように利用する点にある。「何万年、何億年という年月をかけて形作られ、発展してきた一つのシステム」（186頁）としての自然は、人間の容赦ない介入と支配によって崩されつつある。しかし、「人間もその一部だ。自然がなければ、私たちはそもそも存在できない」(同頁)。自然を虐待する人間のふるまいは、ひるがえって、人間自身をも滅ぼすことになるのだ。

こうした悲劇を回避するためには、学者の意見にもっと耳を傾け、環境と自然保持のための法律や規則を制定し、これまで以上に巧妙に自然管理を行うべきだと声高に訴えるひとは多い。しかし、それでは不十分で、「もっと深いところに目を向ける必要がありそうだ」(同頁)と著者は言い、こう続ける。「そうすると、自然を対象物とみなすのではなく、存在するだけで価値のある主体、あるがままのペースで存在し、発展し、繁栄し、変化する権利をもった主体として捉えるべきだ、ということが見えてくる。つまり、地球上に生きるほかの生物たちと私たちの関係を特徴づけてきた、人間中心主義的なものの見方を変えなければならない。私たちはほかの生物と共存しているのだ、と理解しなければならない」(強調は著者)(186〜187頁)。著者によれば、自然や生態系、ほかの生命体を主体と見なすということは、それらに法的な権利を認めることである。それと相関的に、人間にも権利だけでなく、生命システムに対する義務が課せられる。こうして、自然と人間の関係が対等になるのだ(187頁参照)。この対等な関係がもしも可能になるならば、主体としての自然は、もはや経済的な利益を求める人間の対象、所有物として扱うことはできなくなる。自然はみずからのリズムで変化、発展し、主体的に生きる自然として尊重されるのである。

これまでに幾度となく自然の「極端な現象」に直面してきた気象学者は、これ以上の危機を回避するためには、自然を対象化して処理する活動を抑制し、自然を人間と同様の主体として遇することが必要だと考えている。われわれが他人の立場に立ってふるまう場合のように、自然の立場にも身を置いて行動することを彼は求めている。しかし、彼自身が認めているように、このように考えることができたとしても、思考が現実の危機に打ち勝つはずもない（187頁参照）。かつても今も、森羅万象に命が宿ると見なしたアニミズムの思想を信じるひとが少なくないし、汎神論的な見方に共鳴するひともいる。それらを介して、自然と人間のつながりを再考しているひとも少なくない。しかし、経済成長を執拗に求め、科学技術を偏重する世界で、加速度的に進む環境危機への対抗策として宗教的な観点に目を向けるのはごくひとにぎりだろう。

各国の首脳や政治家、経済人などは、協力して地球温暖化の元凶としての二酸化炭素削減を目指している。そのための産業構造の転換や、技術改良が求められている。彼らの多くは技術依存主義者であり、技術を駆使して環境破壊をくいとめることが彼らの目標である。自然とはなにか、自然と人間の関係がどうあるべきかなどについては問題にしない。著者は、この点をなによりも問題にしている。彼は、「エピローグ」をこう締めくくっている。「未来は私たちにとって、どんどん先の読めないものになっていくだろう。人間がいま以上に自然をコントロールすることはできない。むしろ逆だ。人間は、人間よりも大きなシステムの一参加者でしかない。ゲームのルールを決めるのは、私たちではないのだ」（同頁）。著者の「人間中心主義」批判は、環境倫理学者やエコロジストたちの批判と軌を一にするものである。

ナショナルジオグラフィック社編『気候変動――瀬戸際の地球――』(片神貴子他訳、二〇一七年)は、変化する地形、水浸しの生活にあえぐひとびと、生息域を追われる動物たちなど、急激に変わりつつある世界の現場報告である。

本書は、「経済への影響　フロリダ発　海面上昇とマネー」、「土地が無くなる　沈みゆくキリバスに生きる」、「目に見える危機　薄氷の北極海へ」、「動物たちの受難　ガラパゴスの生物たちの運命」、「未来への挑戦　ドイツが挑むエネルギー革命」、「損得勘定　温暖化を見方にする動物は?」の全六章と、六つの「気候変動NEWS」からなる。

「気候変動NEWS」(1)によれば、今のまま地球温暖化が続けば、インド北部、バングラデシュ、パキスタン南部に住む約一五億人は酷暑や熱波の影響で大移住を余儀なくされるという(6頁参照)。ミシガン大学の気象学者リチャード・ルードによれば、中東やアフリカの一部では、すでに、酷暑とかんばつのせいで移住が始まっている(同頁参照)。

温暖化に伴う海面上昇の影響を受けるのは、フロリダの沿岸地域である。第一章の著者ローラ・パーカーは、米フロリダ大学の生物学者フィル・ストッダードが、マイアミビーチで十代の娘に気候変動会議の内容を話した場面を取りあげている。『娘は少し黙ってから言いました。『ここには住めなくなるのね?』と。私は『そうだ』と答えました。子どもでもわかることです。なぜ大人にわからないのでしょう?』」(25頁)。

第二章では、すでに海面上昇の影響を受け始め、水浸しの生活を余儀なくされているキリバスのひとびとの暮らしぶりが報告されている。中部太平洋に点在する三三の環礁からなるキリバスは、大半が海抜二・五メートル未満で、海水面の上昇によって水没する恐れがある。波による島の侵食や高潮を防ぐためにマングローブ植林が行われている。島を出て行きたいひと、愛する島に残りたいひと、強制的な移住を恐れるひと、島民たちの揺れる思いが語られている。

第三章は、北極圏で起きていることがテーマだ。一九七九年の人工衛星による観測開始以降、北極圏の氷の体積は半分以下になり、面積も厚さも減少した(58頁参照)。海氷の変化は生態系の崩壊につながる。海氷が減少すれば、その下に生息する藻類に影響し、それを食べて育つ生き物にも影響する。ホッキョクグマやセイウチ、ワモンアザラシなどの海生哺乳類は、大量の海氷消失により、すでに大打撃を受けている(同頁参照)。ホッキョクグマ研究で知られるカナダ・アルバータ大学のイアン・スターリングはこう結論づけている。「現在私たちが知っているような北極海の生態系は、いずれ消滅するだろう」(58頁)。

氷や雪は太陽光の約八五%を反射するが、氷のない海面は約九三%を吸収する。海水温の上昇につれ、海氷は凍結しにくくなり、できた海氷も溶けやすくなる。海氷の減少が寒帯ジェット気流の速度低下や大蛇行の原因と見なす研究者もいる。異論もあり、原因は確定していないが、こうした現象が世界各地の旱魃や極端な気象をもたらしていることは否定できない。

第四章は、一〇〇を超す岩礁や島からなるエクアドル領ガラパゴス諸島の生き物が主役だ。これらの島々にも気候変動の影響がおよんでいる。ガラパゴスの環境変化に注目している米ブラウン大学のジョン・ウイットマンは、最大規模のエルニーニョ現象（二〇一六年）の影響でビーグル島の造礁珊瑚が白化し始めており、それが今後の爆発的な白化現象の前触れであり、生態系全体の劇的な変化につながるのではないかと恐れている（72頁参照）。この章では、気候変動によるだけでなく、外来種の進入、観光客の増加などによっても生存の危機に瀕している動植物の命運が報告されている。

第五章では、脱原発、脱化石燃料を目指してエネルギー革命に取り組むドイツの現状が述べられている。著者のロバート・クンジグはこう結んでいる。「大半の国々が対策を先送りにするなかで、ドイツは世界の先頭に立ち、あえて困難な道を進んで、地ならしをするという選択をした。ドイツの努力のおかげで、ほかの国々はエネルギー転換を進めやすくなったはずだ」（113頁）。ドイツに同調する国々が増えれば、一筋の光が見えてくる。

最終章では、温暖化のせいでピンチに陥る生物と、それをチャンスに変え、あたらしい環境に適応する生物の比較対照がなされている。野生生物保護協会で世界的な規模の気候変動プログラムを指揮するジェームズ・ワトソンは、事態の悪化は予想以上であり、生物保存の最善策は、種の存続の鍵となる個体群を特定して保護することだと語っている（118〜122頁参照）。「『その後は生物に任せ、手を出さないことです』」（122頁）。

本書は、人間の活動が地球環境を激変させ、そこに生きるひとびとや動植物を「瀬戸際」に追いやりつつある世界各地の状況を、鮮明な写真や図像、文章によって示している。環境に境界はなく、ある地域で起こることは、それ以外のあらゆる地域に影響をおよぼす。空と海と大地も普段に相互に作用し合っている。環境のなかでしか生きられないひとや動植物の間にも相互的な影響が強い。

いま世界の各地で起きていることを知らなければ、われわれの見方や考え方、行動に変化は生まれない。本書の報告は、われわれになんらかのアクションをうながさずにはいないだろう。

5月2日

危機の時代を生きる
——若い世代への期待——

ウスビ・サコの『「これからの世界」を生きる君に伝えたいこと』(大和書房、二〇二〇年)は、若者へのアドヴァイスが満載の本である。これからの世界の政治的、経済的な状況や環境の変化に対して楽観的な予測をもてるひとは少ないだろう。各国の済成長優先政策によって地球環境の破壊が続き、気候変動による海面上昇も止まらない。異常気象に起因する大洪水、熱波、巨大竜巻、大規模な森林火災なども多発している。島の埋没を前にして移住を迫られるひと、水と食糧の不足に苦しむひとも増えている。経済格差も増大し続けている。他方で、現在(二〇二一年)はコロナ禍で一時中断してはいるが、グローバル化が進む時代でもある。本書は、こういうむずかしい時代を生きていかなければならない若い世代に対して、「変貌する世界のなかでなにを学び、どんな職業を選択し、どのように生きていくのか」を問いかけ、指針を提供する本である。「はじめに」と「おわりに」にはさまれた、「不確実で多様化する世界で、どう生きるのか?」、「多角的でブレない価値観を築く『学び』」、「人種・文化を越える『コミュニケーション』」、「激変し続けるグローバル社会で『働く』」の全四章からなる。

補足として、『『これからの世界』を掴むための推薦書』が紹介されている。文化的、宗教的な背景のことなる国々の多様性を尊重し、世界の複雑な構造を捉え、思考を鍛えるために役立つ本のリストアップである。

ウスビ・サコは、マリ共和国（アフリカ大陸の西部に位置する）出身。中国での六年間の留学時代に建築学を学び、来日後は京都大学大学院で「建築計画」について学んだ。現在（二〇二一年）は、京都精華大学の学長である。日本の大学では初めてのアフリカ系の学長として、国内外のメディアで取りあげられた。

著者は、マリという国の外に出ることによって、社会や人間について初めて考えるようになり、自国の環境や制度になどについても思索を深めるようになった。中国留学の前に立ち寄ったパリでは、道路工事や清掃の仕事をするのはアフリカ系移民ばかりという光景に、「同じ祖国を持つ自分が全否定され、丸裸にされたようなショック」（5頁）を受ける。中国では、数々の偏見や誤解に直面した。「『君の国では、木の上で生活しているの？』」（6頁）と質問されることもあった。彼は、理不尽な経験をするなかで、自分自身が認められるためにどうするべきかを考えて、行動するようになった。そのことはまた、人間やお金、もの、情報が国境を越えて行き交うグローバル化の時代にあって、それぞれが個を大切にしつつ、相互の違いを認識しながら共存する可能性を模索するという姿勢へとダイレクトにつながっていく。

第一章は若者論である。著者の診断によれば、現代の若い世代は、常に市場価値を問われるなかで、そのプレッシャーに追い立てられるようにして生きている。「自分がなにをしたい」ではなく、「自分になにが求められているか」を基準にして行動しているというのである（28〜29頁参照）。そこで著者はこう提案する。「世の中に認めてもらえる力をつけるのではなく、自分たちが世の中の仕組みを変える力をつけることが重要です」（30頁）。そのためには、自分の人間的な価値を高める努力を怠らず、自分にとっての自由とはなにか、自分がなにに基づいて生きているのか、自分がなにを求めているのかを絶えず考えて行動することが必要になる。

第二章は学問論である。偏見や先入見から完全に解放されたひとなどいない。われわれは、自分の色眼鏡で他人を見て、判断を誤ってしまう。だから、その事実をしっかりと受けとめて、自分の判断のあやまりを謙虚に反省する心がけが必要だという主張だ（64〜65頁参照）。グローバル化が進む社会では、文化的、宗教的な背景がことなるひとびとに対するステレオタイプ的な発想は慎まなければならない。著者が若者に期待するのは、どんなことからも積極的に学ぶ謙虚な姿勢である。

第三章は人間関係論である。マリには、登校前に自分より年長のひとと出会った場合、全員とながながと挨拶する習慣がある。五分以上かかることもあるという。著者がつき合った中国人は、本音でぶつかってきて、ケンカもいとわなかった。来日後、著者は、周りに気を使いすぎるひと、同調圧力に抗しきれないひと、空気を読めるひとと読めないひと、すぐにキレるひと、本音を隠して、建前で生きるひとなどに出会ってきた。その経験をふまえた数々のアドヴァイスが興味深い。著者によれば、「本音とは、自分のもっとも重要な心の声、あなたのヴォイス」(116頁)であり、お酒の席で本音が語れるなら、日常の場でもそれを積極的に語ってほしいと提言している。異なる文化的な背景をもつひとが集まるグローバル社会では、婉曲な会話をしていては相互理解が成立しない。率直に自分の考えを伝え、相手の考えを読み取ることが欠かせない。

第四章は仕事論である。著者の主張は明確だ。仕事はあくまでも自分や家族、社会を幸せにするための手段であって、仕事を目的にするのは好ましくないという見解である。仕事を目的にすると、家族や友達、恋人や自分を犠牲にしかねない。仕事に執着して、心身にストレスをかけてしまうことにもなるという(152~155頁参照)。仕事と「趣味、やりたいこと、楽しいこと」を区別し、就職と同時に好きなことを諦める学生たちを何人も見てきた著者は、こう述べる。「今の時代は仕事が多様化しています。好きなことを仕事につなげる余地は十分にあります」(159頁)。ゲームが好きであれば、ゲーム作りの発想を別の商品企画に応用するなど、やり方はいくらでもあるはずだと言う。誰にもあてはまるとは思えないが、一理ある見方だ。

職業の選択に関する著者のアドヴァイスは適切だ。進路についての他人の助言は有効であっても、最終的には自分で決めなければならない。そのためには、自分がどういうタイプの人間であり、なにを求めて生きるのかをはっきりさせる必要がある。大卒で就職した学生の三割が三年以内に退職すると言われて久しい。他人の勧めに従ったり、他人や世間の評価を気にしたりして就職先を選択すると、「こんなはずではなかった」ということになりかねない。「自分が本当になにがしたいのか」を見極めることがむずかしいとしても、一定の方向や目標は見定めなければならない、これが著者の見方だ（160〜163頁参照）。

著者は、ＡＩ化が進む社会に期待を寄せ、単純作業はロボットにまかせ、人間が人間らしい生き方ができる社会が到来すると予測している（164〜165頁参照）。時間的な余裕も生まれ、友人や家族と過ごす時間、物事を考え、本を読んで思索にふける時間も増えると楽観的な見通しも語っている。ロボットにまかせられない仕事の領域では、創意や工夫をこらしてあらたな労働の世界を切り開いていかなければならない。そのためには、人文知や教養知を学び、思考力を身につけることが大切だ（167頁参照）。

著者は、地縁、血縁にもとづく共同体、国家や都市などで構成される共同体とことなる三つ目の共同体を視野に入れている。「これからを担う世代の人は、従来の共同体には価値を感じておらす、インターネットなどに居場所を求めています」（190頁）。「すでに国家の手が届かない場所で、個々人が国境を越えてつながり、『人類』や『地球』という視点で物事を語っています」（191頁）。他方で、個々人の行動が監視され、個人情報も一括管理される時代が到来している。著者が個々人に期待する、自由で自発的な主体性がどこまで発揮されうるかは疑問である。

おしまいに、「多様な生き方を知るために役立つ本」、「世界の構造を把握するために読む本」、「自分が深く考えるきっかけになるような本」(192頁)が、何冊も推薦されている。思考を鍛えるために役立つ本としては、サルトルの『実存主義とは何か』、アレントの『人間の条件』、アイザックソンの『スティーブ・ジョブズ(Ⅰ・Ⅱ)』などがあげてある。一冊を紐とくことで、自分や他人、世界の見方が変わるきっかけになるかもしれない。

茂木健一郎の『頭は「本の読み方」で磨かれる』(三笠書房、二〇一五年)は、あまり本を読もうとしない若者を読書の世界に引きこもうとする一冊である。著者は、肩肘張らない調子で、本を読むことのすばらしさ、楽しさについて語っているが、他方で、「『本なんて必要ない』と思っている人は、いずれ人生の深みや喜びに差がついて、絶対に後悔することになる」(4~5頁)と脅しをかけることも忘れていない。「読書は、間違いなく人生を豊かにするから、一冊でも読むにこしたことはない」というメッセージがこめられた本である。

脳科学者の肩書きをもつ著者によれば、読んだ内容は記憶や聴覚、視覚をつかさどる脳の側頭連合野にデータとして蓄積されていく(21頁参照)。しかし、蓄積されて終わりではない。蓄積された過去のデータは、後のあらたな経験の展開と結びついて、経験を更新させていく。人間の経験は、現在、過去、未来が相互に反響し合いながら生成する過程である。読書は、こうした経験の生成にあらたな刺激を加え続ける。

ひとは、筋肉強化のために、スポーツジムに通ってマシンを操作したり、ランニングやストレッチに励んだりする。筋トレに必要なのは、負荷をかけることである。脳トレには読書が最適だと、著者は主張する。なぜならば、練りあげられた文章を読むのは、「ボクシングジムに行って、気合を入れてスパーリングをするようなもの」（33頁）だからである。「メールや、フェイスブックやツイッターの文章を読むのは、普通にフラフラと街の中を散歩しているような状態でしかありません」（34頁）。それに対して、難度の高い上質な文章を読むことは、しばしば、苦痛を伴い、忍耐を要する。その困難な経験こそが、脳を鍛えるのである。困難を克服したよろこびに耽るとき、脳はドーパミンを出し、そのたびに脳は成長するという（38～39頁参照）。

小説や評論を読んで、考えたことを自分のことばで書くことも簡単にはできない。それゆえに、教室で作文課題が提出されると、面倒な作業を避けて、インターネット上の文章を切り貼りしてすます輩があとをたたない。しかし、それでは脳は鍛えられない。「文字を自分の脳の中から搾り出すという行為は、負荷がかかってヘトヘトになるし、効率も悪いかもしれないけれど、だからこそやり遂げたときには脳は本当に喜び、成長するのです」（190頁）。簡単に手っとりばやくできることしかしないでいると、脳は成長とは逆に、劣化する一方だ。

読書や作文の経験は、自分の心に種を撒くことである。その種は年を重ねるとともにすこしずつ育って、心を豊かにしていく。それとともに、自分や他人、社会や世界を見る目が肥えてくる。どのようにしてそうなるかは分からない。確かなことは、種を撒かなければ、心は未開の荒野のままだということだ。著者はこう述べている。「どの本がどう役に立つかということはわからないけれど、たくさん本を読むと、それが腐葉土のように発酵して脳の中にいい土壌ができる」（158頁）。われわれは、自分のなかに心という畑をもつ存在なのであり、それを耕し、種を撒き、話を咲かせることを求められているのである。

著者は、読書が生きる上での「ワクチン」になるという発想もしている。「ワクチンは、体の中に毒（病原体）を少しだけ取り込むことで、病原体と戦うための『抗体』を体につくらせる」（42頁）。本のなかにも、社会を崩壊させかねない「危険なもの」、「悪いもの」や人間心理にひそむ「闇」や「邪悪なもの」があふれている。それらを意識することによって、不思議なことに、われわれの心がより健康になったり、強くなったりすると著者は言う（42頁参照）。残酷な殺人事件や、不倫で破滅していく男女を描いた小説を読んでおけば、現実に類似の状況に巻きこまれた場合の対処法が見つかるかもしれない。現実の世界はきれいごとではすまず、ときには小説の話よりもすさまじいことが起きる。「事実は小説よりも奇なり」だ。しかし、本のなかで奇怪な事件や悲劇に出会う経験は、現実の出来事に立ち向かう力になる。これが、著者の言う「読書がワクチンとして働く」という意味だ。

著者があげる読書のプラス効果をいくつか列挙してみよう。本を読むことによって、「『今、世界で起こりつつあることの雰囲気』」（76頁）をつかむことができるし、「『日本の常識は、海外の非常識』」

（81頁）ということが分かる。世界で流行っている本を読めば、世界の常識をうかがい知ることができる（83頁参照）。どんな本でも、読めば読むだけ世界が広がるし、「読んだ本の数だけ、自由に旅ができる」（107頁）。「読書には『一発で人生を変える効果』と『じわじわ効く効果』」がある（113頁）。ノイズや信頼の置けない情報があふれたネット情報と違い、本は「『プレミアム情報』」（179頁）を提供してくれる（179頁参照）。

Amazonで本を注文して自宅で読むひとが増えているが、著者は外出をすすめている。「書店や図書館に行ってみると、バーッと一気に本の海を俯瞰できて、自分を呼んでいるような本にフッと行き当たるようなことも多いものです」（182頁）。それは、「背表紙が光っている本」（183頁）だ。たくさんの本が並んだ図書館に入ると、不思議なことに、「私があなたの待ち望んでいた本なのですよ」とサインを送ってくれる本が見つかる。その本を手にとって読んでみると、まさに自分の求めていたことが書かれている。この種の出会いが起こるのが書店や図書館なのだ。書を求めて町に出よう。

おしまいの方で、著者はこう述べる。「科学でも、文学でも、ビジネスでも、人間関係でも、ぼくたちに問われるのは、どんなことをどんなふうに守り、反抗し、尊ぶかという『態度』なのだと思っています」（200頁）。著者の「態度」を形成するうえで貢献したという本が一〇冊紹介されている。フリードマンの『選択の自由』（日本経済新聞出版社）、ニーチェの『悲劇の誕生』（岩波文庫）、ファインマンの『ご冗談でしょう、ファインマンさん』（上）（下）（岩波現代文庫）、夏目漱石の『硝子戸の中』（新潮文庫）、立花隆の『宇宙からの帰還』（中公文庫）、ソルジェニーツィンの『イワン・デニーソヴィチの一日』（新潮文庫）、ワイルドの『獄中記』（新潮文庫）、清少納言の『枕草子』（岩波文庫）、小林秀雄の『モオツァルト・無常という事』（新潮文庫）、ゲーテの『ファウスト』（第一部）（第二部）（岩波文庫）の一〇冊である。

そのうちの一冊でも読んでみてほしい。

6月

4月　5月

3月　7月

2月　8月

アジサイ

無常

1月　9月

12月　11月　10月

6月1日

ふたりのメジャー・リーガーと本
――菊池雄星と大谷翔平――

菊池雄星の『メジャーをかなえた　雄星ノート』（文藝春秋、二〇一九年）は、十代、二十代の若者に特にすすめたい刺激的な一冊である。メジャーリーグで活躍するという夢を実現していくまでの苦闘や挫折、葛藤と喜びの軌跡が、「スタートライン――中学、高校時代のノートから――」、「葛藤――二〇一三、二〇一四年のメンタルトレーニングファイルから――」、「トレーニング＆ピチング――二〇一七年のノートから――」、「MLBへのカウントダウン――二〇一七年のルーズリーフから――」、「ラストイヤー――二〇一八年のノートから――」の全五章に詳細に記され、読む者に圧倒的な印象を残す。

一四年間つづられた「野球ノート」を中心に、当時の記事や写真も豊富に再録されている。高校一年生～二年生のときに書かれた『日本一になるための野球日誌』には、「本日の自己分析」と題して、自分の投球や、チームの活動、相手チームの観察内容などが二〇日以上にわたって詳しく書かれている（40～63頁参照）。「高二の冬にカレンダーの裏に書いた決意」（70～72頁）、「高三の春センバツ後に書いた決意」（67頁）などの写真も何枚も含まれている。

「はじめに」は、「『書く』という作業が僕の人生の中心にあります」（6頁）で始まる。菊池は、日記を書く時間をあらかじめ決めて、そこから逆算して、トレーニングや食事などのスケジュールを立てるという（同頁参照）。中学二年生の冬からノートを書き始めるきっかけとなったのは、花巻東高校の佐々木洋監督の「成功者はみんな日記を書いている」ということばだった。そのことばにつられて、菊池は、「よし、自分も書いてみよう」と決意した。その決意は、現在でも菊池の行動を支えている。

菊池にとって、「書くこと」は、「行動すること」である。「高校時代、『日本一を目指す』という目標をノートに書いていました。毎日、毎日、書けば、書くほどに自分の思いが強くなっていったのを覚えています。ノートを書くということが僕にとって行動の一つだったからです」（6〜7頁）。近未来の渡米を見据えた英会話の猛勉強も行動のひとつだった。シアトル・マリナーズの入団会見のほとんどは英語で行われた。

中学二年生の菊池は、本を毎日一ページ以上必ず読むと決め、読んだ本の内容をまとめたり、いい詩を読んで感動した思いや、参加した講演会の感想を書きとめたりしている。なにを書くか、ということはもちろんだが、書き続けるということに意味があると菊池は考えていた。

菊池は、高校二年生のころ、日記を書くことが「自分自身と向き合うきっかけになる」のだと自覚している。一日の感情のゆれ、投球フォームのチェックポイント、よかったことと悪かったことなどを書き記す時間は、文字通り、自分がもうひとりの自分に向き合ってアドヴァイスしたり、自分の欠点や弱さを見つめなおしたりする時間である。日記を書くことによって、自己分析が深まっていくのだ。

菊池は、中学高校時代を振り返ってこう述べている。「中学や高校の時というのは、まだ自分の軸がないときです。だから、その時は分からずに書いているんですけど、そういうことを繰り返していくうち、自分の価値観というものが出来上がっていくのではないでしょうか。ノートを書くことは、書いた内容が潜在意識として体の中に入っていくところに意味があるのかなと思います」(18頁)。こうも回想している。「今思えば、日記は言語化する力がつくツールですから、自然と自分で考える癖をつけてもらっていたのかもしれません」(38頁)。

日記を書くという習慣をもつひとは、一日一日の出来事を過ぎ去るままにせず、後から反復し、日々の経験を言語化することを通じて、いわば、一日を二度生きる。反復された生のさなかで、しでかした失敗の記憶や精神的な苦痛がよみがえり、後悔や悲しみ、よろこびなどの感情も押し寄せてくる。それらに向き合うなかで、おのずと自分と対峙して考えるようになる。

「メンタルトレーニングが僕を強くした」のなかで、菊池は、埼玉西部ライオンズに入団して五年目のオフに行った「集中内観」という修行について述べている(82頁参照)。二畳ほどの部屋にひとりで一日一七時間こもって、幼児期の記憶を掘り起こしていくのである。一時間ごとに先生がきて、「どうでしたか」と聞かれ、母親から「してもらったこと」、「して返したこと」、「迷惑をかけたこと」などについて答えることを続けていく。菊池は、こう回想している。「この修行をすると、忘れているようなことがバンバン思い出されてきました。そしてボロボロと涙が出てくる。僕はどれほどみんなに支えられてきたんだろうと思い、泣けてくる」（同頁）。「自分を知る、自分の未熟さを理解する、感謝を知るという修行でした。人生を変えてくれた一番の経験と言えるかもしれない」（83頁）。菊池は、このメンタルトレーニングを通じて、自分自身を冷静に客観的に見つめる能力、なにを取捨選択するのかを考える能力が呼び覚まされたと自覚している。プロに入って一年目から五年目までは無自覚に過ごしていたと反省している。

第二章「葛藤」には、二年間のメンタルトレーニングの詳細を示したファイルが載っている。「セルフイメージの再構築」では、「考えている事は何ですか？」、「どんな感情を抱いていますか？」、「どのような目的で何を欲していますか？」、「自分はどんな人だと思っていますか？」、「どんな信念と価値観を持っていますか？」、「どのような能力を兼ね備えていますか？」、「どのような行動をとっていますか？」、「どのような環境がありますか？」いう質問に対して、菊池は現状の自分と理想の自分を分けて書き出している（95〜97頁参照）。徹底した自己分析を行う菊池の内省力の強さが見て取れる。

二〇一二年に行われた、メンタルコーチとの「日常内観」の記録も興味深い。「人様に何をして頂きましたか？　どのような心でそれをお受けしましたか？」、「人様にどのようなお返しが出来ましたか？　どのような心でお返ししましたか？」、「あなたが引き起こした嘘と盗みを記入してください」

といった質問に、菊池は、一週間かけて答えている（102〜105頁参照）。これらの質問によって自分の言動を見つめなおすことで、日ごろ自分がどういう精神状態で過ごしているかが明らかになってくる。

おしまいに、ノートに書かれた名言のいくつかを紹介しておこう（172〜182頁参照）。「常に終わりを意識する」、「理屈は簡単、技術は努力が必要」、「コツコツ良くなるし、コツコツ悪くなる」、「努力の報酬は成功ではなく成長」、「野球はいきなり上手くなる　そのキッカケをつかむために、日々練習することが大切」、「良いことばかりが続くわけではない。全てが貴重な学びとなる」、「才能ではなく、習慣だ」、「成功は『それぞれ』失敗は『あるある』」。

内館牧子は「暖簾にひじ鉄」という連載記事（週刊朝日二〇二〇・六・一九）のなかで、「雄星さんの読書」と題したエッセーを載せている（38〜39頁参照）。二〇二〇年四月二六日付けの「岩手日報」の記事をもとにしている。それによると、菊池は「岩手読書感想文コンクール」に全面協力するという。その理由はこうだ。「僕が読書、本に助けられ、本の影響をすごく受けてここまで育ったので、その本を広めていきたい。簡単に情報を得られる時代だからこそ、自分から取りにいく情報を大事にしたいと思っている」（39頁）。菊池の学習と読書についての考え方はすばらしい。「学ぶことは破壊することとイコールだと思っている。学ばないとこれが正しいと固定してしまう」（同頁）。しかし、本を読んで学ぶと、「これが正しいと思っていたがどうやら違うぞの連続になる」（同頁）。色々な本を読んで、知らなかったことを知り、自分の狭い見方や先入見を打ち崩していくことが大切だというのだ。

この記事のなかで、菊池は三冊の愛読書（福岡伸一『動的平衡』（木楽舎）、竜門冬二『全一冊　小説上杉鷹山』（集英社文庫）、高橋克彦『氷壁　アテルイを継ぐ男』（ＰＨＰ研究所）を紹介し、これらの本をどう読み、どう影響を受けたかを見事な文章で書いているという。中学時代から書く習慣をもち、その後も、毎日ノートに書き続けているからこそできることだ。

菊池は、毎日読むこつについてはこう語る。「こつは、一日一ページでもいいから読むという癖を付けること。読書以外もそうだが、一日一回でも素振りしよう、一回でもいいからシャドーピッチングしようと心掛ける。そうすると一回で終わらない。いつの間にか、一〇〇回、二〇〇回になる。そういうことはテクニックとしてある」（同頁）。「ちりも積もれば山となる、千里の道も一歩から」の諺どおりだ。しかし、簡単にできることを、ずっと先まで持続することは強い決意がなければなしえない。

菊池は、「人生を豊かにするのは人、本、旅」（同頁）だと言い、一番望むのが「人に出会うこと」という。菊池はこうつけ加えている。「亡くなった人には会うことができない。それを本がかなえてくれるともいえる」（同頁）。本を読めば、会うことのできないひとと会って、対話をすることができる。興味深い話を聴くこともできし、ガツンとやられることもある。読書は、死者から学ぶことができる最良のツールなのだ。

児玉光雄の『大谷翔平　86のメッセージ』（三笠書房、二〇一八年）は、雑誌やスポーツ紙、インタビューなどでの大谷の発言を中心にピック・アップして、コメントをつけたものである。大谷が過去に考えたことや、現在の考え方、ポリシー、野球観などを知るには手ごろな文庫本である。

大谷は、三年先輩の菊池雄星に憧れて、菊池と同じ花巻東高校に入学し、佐々木洋監督の強い影響を受けた。読むことと書くことを積極的にすすめた監督に出会えたふたりは幸いだ。菊池については、「目標にしていますし、何もかも上だなと思う。／中三のときも今でも、そういう位置にいてくれるのは助かるし、／僕としても嬉しいです」（32頁）と語っている。

大谷は、高校一年生のときに、「目標達成シート」を作っている。それによれば、大谷は、「八球団からドラフト一位で指名されること」を目標にし、それを実現するためには「メンタル」、「スピード」、「キレ」、「体づくり」、「運」などが必要と考えていた。「運」を引き寄せるための具体策としては、「ゴミ拾い」、「部屋掃除」「プラス思考」などと並んで、「本を読む」ことをあげている。大谷は、二〇一四年の雑誌インタビューで、読書の経験をこう語っている。「スティーブ・ジョブズの言葉は元気をくれます。／だから自分が思い悩んでいることが、／すごく小さなことだと思えたりする。／ラクになれるというか……自分が変わるための、／いいきっかけになってくれるんじゃないか、と思って読んでいるんです」（148頁）。本を読むと、自分のいきづまりを打開してくれることばや、自分を刺激したり、鼓舞したりすることばに出会うことができる。それが、大谷の言うように、変身のきっかけになる。本を読めば読むほど、新鮮なことばや魅力的なことばに触れる機会が増え、考え方にも幅ができてきて、成長につながるのだ。

大谷は読む人だけでなく、書く人でもある。同じ雑誌のインタビューでこう発言している。「その日に起きたよかったこと、悪かったこと。／自分が感じて『次にこういうことをやろう』という内容を、／.iPadに書き込むようにしています」（122頁）。「もちろん、野球に関することが多いですけど、そのほかにも自分が気づいたこと全般を一言二言、箇条書きで。あとで、『このときはこう思ってたんだ』と読み返すためです」（123頁）。児玉はこうコメントしている。「自分の感じたことを素直に書き込む習慣が、現在の大谷の成功を支えているものの一つとはいえないだろうか。もしもあなたがその日考えたことや、気づき、行動したことを形に残さなかったら、それらは記憶の闇の向こうに葬られる運命にある」（123頁）。目にしたことでも、読んだことでも、感じたこと、考えたことでも、文字にする習慣をもてば、日常の痕跡が脳に深く刻みこまれ、経験の密度が濃くなる。書くということは、次々と現われて立ち消えていく多種多様な出来事や感情に注意を払い、その断面にことばの楔を打ちこむ作業だ。それを通じて、ともすればすぐに忘れ去られる経験の相が現在にとどまり続けて、次に来る経験に結びついていく。このようにして、経験に目には見えない厚みが増していく。成長とは、経験が刻々と更新されていくこのプロセスを指す。

大谷は、二〇二一年の末に放映されたＮＨＫの特集番組のなかで、「試合を重ねると足りない部分が見えてくるので、それをひとつひとつ修正して、克服していけるのは幸せなことではないでしょうか」という意味のことを述べている。本書では、「よかったときよりも／悪かったときのほうが記憶に残るんです。／自分の弱点があったら、しっかり直していきたい」（56頁）と語っている。野球というスポーツでは、弱点を発見して攻めてくる相手に対して、自分の弱点を修正して立ち向かわなければならない。弱点をもたないプレーヤーはいないから、問題は、いかにして自分の弱点に気づき、修正できるかである。そのためには、自分のプレーを観察し、プレーの質を深く考えながら、練習に取り組むことが欠かせない。大谷は、それが実行できている自分を幸せな存在と感じている。

「去年より後退することはありえないし、／してはいけない。／まずは去年の成績より前進することが目標です」（172頁）。前年度の実績を上回るためには、昨年とは違うあらたな挑戦が求められる。大谷にそれを可能にする最たるものが、日ごろの読書と作文によって鍛えられた思考力である。

大谷は、「座右の銘」を問われて、「先入観は、可能を不可能にする」（傍点大谷）（38頁）と答えている。自分には特別の才能などないとあっさりと見切りをつけたり、しょせん平凡な人間だからたいしたことはできないなどと思いこんだりするのは、根拠の確かでない先入観に飲みこまれて、自分の人生を狭く閉ざしてしまうことだ。できるはずのことを、できるはずもないと早々に結論づけて、可能性の芽を摘み取ってしまえば、チャレンジとは無縁な惰性的な日常が続くことになる。

6月2日

挑戦する人生

――クルム伊達公子と山岸秀匡の変身の哲学――

哲学者のニーチェは、若者に向かって、「絶えず挑戦し続けよ」とエールを送った。挑戦すれば、失敗も伴うが、それを恐れてはならない。苦難を人生からの贈りものと受けとめ、苦難こそが自分の肉体や精神を鍛えるのだと考えて生きよ。これがニーチェのアドヴァイスだ。困難なこと、苦しいことへの挑戦が自己を成長させ、やがてよろこびにつながっていくのだから。

とはいえ、困難な道を主体的に選ぶひとはまれだろう。今も昔も楽な方へと流れていくのは人間の性だ。しかし、スポーツ選手の場合は、事情は違う。厳しい練習を重ね、試合に出れば結果を残さなければならない。そのためには、信頼できるコーチの助言を得ながら、日々、自分と向き合い、欠点を修正し、長所を伸ばして、実力を強化していくことが必要だ。自分の現状を把握するだけでなく、戦う相手の実力やテクニックを研究することも大切になる。スポーツ選手に求められるのは、自分の身体を鍛える地道な努力、挑戦する意志と覚悟である。それらが薄れてしまえば、スポーツを続けることはできない。

今回取りあげるのは、限りない挑戦を続けた二人のアスリートの書いた本である。

クルム伊達公子の『進化する強さ』（ポプラ社、二〇一二年）は、四〇代の著者が、それまでの競技人生を振り返って、経験したこと、感じたこと、考えたことをまとめたものである。著者の自己肯定感には並々ならぬものがあり、失敗や挫折を次のステップへの糧とする意欲も強い。そしてなによりも、挑戦することの苦しさをひとつひとつ乗り越えていくよろこびを存分に享受している。読者は、彼女の明るく生き生きとした、どこまでもポジティブな姿勢に驚きつつ、「このひとだからできるので、私には無理だ」と思うかもしれない。しかし、明るい光に自分の影を映し出して、一度、生き方を見直してみるきっかけにはなるだろう。

クルム伊達公子は一九七〇年に京都府に生まれた。六歳からテニスを始め、一九九五年には世界ランキング四位に入る。一九九六年、マルチナ・ヒンギス戦を最後に二六歳で引退した。一九九四年から一九九六年の引退まで、トップ一〇を維持した。一九九八年から、子ども対象のテニススクールを開いた。二〇〇八年、三〇代後半で「新たなる挑戦」を宣言して現役復帰した。日本のテニスプレーヤーとしては初めてのケースである。本書が出版された年には、まだプレーヤーとして活躍していた。

本書は、「はじめに」、「心はいつも進化を求めている」、「限界は自分で決める」、「弱さを認める」、「準備を万全にすればどんな勝負も怖くない」、「悪い流れはブレイクできる」、「本当の優しさと本当の強さ」、「ぶれない人生はここにある」、「身体の声を聞く」、「楽しむことで人生は開ける」、「明日は変えることができる」、「おわりに」からなる。

「はじめに」で、著者は、自分をあきらめなければ、いくつになっても成長できると断言する（13頁参照）。「私は絶対にあきらめません。自分に期待し続けています。まだまだ、進化できると信じています。そしてこれは、誰にでも起こりうることだと確信しています。／挑戦することは本当に楽しいこと――／好きなことを続けられることは幸せなこと――／今、私はそれを十分に実感しながら生きています」（13～14頁）。

現役時代の著者は、試合のプレッシャー、周囲の期待、負けたときのバッシングなどに振り回されるなかで、テニスを続けることに嫌気がさしたという（50頁参照）。それが早い引退につながった。しかし、プロの試合から解放され、ストレスのない日々が続くなかで、テニスに対する思いが変化した。「人間はやはり、成長したい生き物。試練を乗り越えて、レベルを上げたい。／目標を設定して、努力して、達成感を得たい。それこそが生きている証です」（51頁）。テニスが好きな自分に気づいた著者は、再チャレンジを決断する。

現役復帰したのちの著者は、徹底した自己管理の結果、二〇代のときよりも身体能力が高まったと感じている。ストレッチや、体幹トレーニング、鍼治療、マッサージなどを欠かさず、自分の精神的な状態や身体のコンディションを意識しながら、効率的な練習をするようになったからだ（38頁参照）。著者は、がむしゃらにテニスをしていた若いころを回顧しながら、今は冷静に「心と身体の声を聞くことが、肉体を強くする」(38頁)ことにつながるのだと考えている。かつては、身体の声を聞かずに、自分を極限まで追いこんだために、身体は悲鳴をあげていたのである(同頁参照)。

本書には、テニスの練習や試合以外のことも書かれている。そのひとつが「書くということ」についてだ。著者は、ほぼ毎日ブログを書いているという。テニスのことやその日のコンディションなどについて正直に書く習慣を維持しているのだ(144頁参照)。書くということは、自分自身や自分のプレーと向き合う時間をつくるということであり、書いたものをあとから読み直して、書いてみなければ分からなかったことに気づくことでもある。考えていることは、書きとめなければ、すぐに消えさってしまい、あとからなにを考えていたのか思い出そうとしても、はっきりとは思い出せない。しかし、考えていることを文字にすることで、思考内容は心に刻みこまれるし、後から何度でも読み返して、考えなおす機会にもなる。

著者はまた、テニスとはまったく違う世界への入り口として読書を愛好している。お風呂や移動中の機内で小説やノンフィクションなどを好んで読むという。プロ野球やサッカーの世界でも本好きのプレーヤーは少なくない。現実の世界を離れて異質な世界をたずねることのできる読書は、思考力や想像力を高める機会にもなる。その力は自分のプレースタイルを見直すことに役立つだろう。

「おわりに」で、著者は、四〇歳を超えてもプロとして世界で戦っているのは挑戦をあきらめていないからだという自負を語っている。「私は今、誰だって好きなことを、やりたいことを、全力を持って取り組めば、何でもできる、と思っています」(202頁)。「やればできる――」(205頁)、できないのは、やろうとしないからだ。しかし、安きに流れやすいひとにとって、自分に鞭を入れてなにかに全力で取り組むのは簡単にできることではない。著者は、苦しいこと、困難なことを、楽しみながらやり遂げている。それもひとつの才能に違いない。

山岸秀匡の『ボディビル世界チャンピオンが伝授する筋トレは人生を変える哲学だ』(KADOKAWA、二〇二一年)は、ボディビルの世界大会「アーノルド・クラシック二〇二〇」で日本人としてはただ一人チャンピオンになった山岸の筋肉との戦いの歴史をつづったものだ。

山岸は一九七三年に帯広市に生まれた。高校時代に筋トレと出会い、早稲田大学で本格的にボディビルを始めて、二〇〇二年にプロボディビルダーになった。三二歳で渡米し、ボディビルに人生のすべてをかけた。二〇〇七年からミスター・オリンピアに出場し、二〇一五年に三位入賞。二〇一六年にアーノルド・クラッシックで初優勝した。

本書は、「序章」、「メンタル哲学」、「トレーニング哲学」、「食事哲学」、「ボディビル哲学」、「プリズナー哲学」、「成功哲学」、「おわりに」からなる。

本書の冒頭の六枚の鍛えあげられた筋肉隆々の写真にまず度肝を抜かれる。体の筋肉が鍛え方次第ではすさまじいまでに変化することに圧倒される。挑戦をあきらめないボディビルダーには、肉体を改造する無限の可能性が与えられていることをこれらの写真が示している。

山岸は、序章「勇気を必要とするあなたへ」のなかで、本書を書いた理由をこうまとめている。「一戦を退くと決めたこのタイミングで、今の私にできること、今の私がするべきことは何かと考えたとき、筋肉Ｔｉｐｓに偏らない経験談、夢をつかむための行動チャンス、移民の国アメリカで生きるために必要な強さの獲得過程、世界トップにチャレンジし続ける思考法を読み物にまとめ、勇気につながる後押しを必要としている人たちに届けることではないだろうか、と。そのような想いから、本書を執筆するに至りました」（10頁）。海外に出て勝負したい、高い壁を乗り越えて進みたい、挑戦をあきらめたくない等々、ポジティブな姿勢を貫きたいひとにとっての貴重なアドヴァイスに満ちた本である。

第一章は「限界論」である。若いときに夢を抱いても、自分の実力では無理とあきらめて、はやばやと方向転換してしまうひとは多い。山岸は、限界を定めないことを信条とし、自分の夢に近づくように、自分を組織化することを目指している。「いつかこうなりたい」と願うだけではなく、「いつまでにこうなる」と自分に誓いをたて、そのために必要なことを日々積み重ねて、夢を実現していくのである（23頁参照）。

山岸は、大学の二年のときに、トレーニング雑誌が企画したアメリカでの観戦ツアーに参加する。身体を見事に鍛えあげたスーパースターたちのプロコンテストを観戦した山岸は、そのときの高揚感から、その後、アメリカのベニスビーチでトレーニングし、プロのボディビルダーになりたいと決心する。夢を実現するための計画を着々と実行に移していくのだ（41〜42頁参照）。

第二章は、「ボディビルディング論」である。山岸によれば、ボディビルディングとは、筋肉を大きく育てて、脂肪を極限まで落とす行為である（56頁参照）。そのためには、日々、食事内容に気を配り、トレーニングで筋肉を刺激し、脂質の量と質をコントロールしなければならない。食事やトレーニングを半永久的に考えて取り組み続ける強い意志がなければ不可能なことである（57頁参照）。成長と挑戦への意欲がなくなれば、歩みは止まる（63頁参照）。ボディビルディングは、ただ鍛えるだけでなく、ひたすら自分の身体と向き合い、あらゆる筋肉を全体的なバランスを考慮して大きく育てると同時に、脂肪を削り、身体の形をデザインしていく彫刻のような作業であるから、一種の職人気質でなければできないと、山岸は言う（90〜91頁参照）。凡人には想像もつかないような繊細な注意力と計画力が求められるハードな世界だ。

山岸は、伝説のボディビルダーであり、名トレーニングコーチのミロシュ・シャシブのもとであらしいトレーニング方法を学び、プロのコンテストで成績を残すようになった。

第三章は「食事論」である。筋肉のトレーニングに欠かせないのは、徹底的な栄養管理である。「筋肉を作るのも、身体を変えるのも、減量するのもすべて叶えるのは食事なのです」（100頁）。食事に対する心構えが基本なのである。自分の肉体の変化を観察しながら、食事の内容をチェックすることが欠かせない。「身体はコンテスト前の数ヶ月でつくられるものではないので、三六五日休むことなくボディビルダーらしい食事を続けて良い身体をキープしながら筋肉の成長を促すのが普通です」（107頁）。炭水化物、タンパク質、脂質をどう摂取するか、プロテインやビタミン剤をどの程度服用するか、水分補給の量と時間配分をどうするかにも気を配らなければならない。筋肉を作るには、運動、栄養のほかに、休養（睡眠）も大切である（124頁参照）。寝ている間に身体は発達するので、良質な睡眠が必要になる。この章では、眠りの質をあげる要素として、呼吸、枕、サプリメント、目覚まし時計などが言及されている。一日のスケジュール例も示してあるので、参考にしたいひともいるだろう。

第四章は「トレーニング論」である。一週間のトレーニングメニューが紹介されている。胸とカーブ、大腿四頭筋、肩、ハムストリングスとカーフ、背中、腕をそれぞれの曜日ごとに鍛え、日曜は休養日となっている。トレーニングの仕方には厳しい決まりが課せられている。用心しないと、身体を損傷することになるからだ。

第五章は、アメリカの刑務所体験談である。山岸は、身体を大きくする効果をもつ薬剤、アナボリックステロイドを大量にアメリカにもちこんだため、売買する行為を疑われ、刑務所に七〇日間収容されるはめになった。出国時にはスーパーヒーローだったのに、帰国するときには犯罪者と見なされ、「恥さらし」とののしられた。しかし、離れていくひとが多いなかで、どん底に落ちた山岸を支えてくれたひともいた。そうしたひとのおかげで、山岸は復活を遂げる。

第六章は「成功論」である。完全燃焼して引退したのちの経過報告と回想である。山岸は、プロ生活を振り返って、毎日、筋肉と体脂肪のことだけを考えて行動するボディビルディングは、突き詰めれば、メンタルスポーツ以外の何物でもないと結論づけている（209頁参照）。筋肉の迫力を可能にするのが精神の集中だということだ。山岸はまた、ボディビルディングは、やればやるだけ自分という存在に自信がもてるようになるスポーツだと言う（217頁参照）。山岸は、自分の信念についてこう述べる。「どのような人生を歩むにしても、本質的な部分での生きる目的は自分自身を知り、成長を促し、存在価値を高め、認めて愛するところにあると感じています」（同頁）。「他者からの評価で勝敗が決まる世界だからこそ、私は己のために鍛錬を積んできました。鍛錬の先で自信を勝ち取り、慢心に陥った先で感謝を知る。つまり、私はトレーニングをすることで、自分の人生を生きることができているのです」（223頁）。山岸は、おしまいにこう述べている。「大会出場の幕は閉じるけれども、筋トレは生涯現役。『私は強いか』、『なりたい自分になっているか』との自問自答の哲学は、まだまだ終わりが見えません」（223頁）。

アリストテレスは、幸福になりたいと望まないひとはいないと述べたが、どの世界であれ、いまよりも良い状態を願わないひとはいないだろう。不自由なひとはもう少しの自由を望み、病に苦しむひとは回復を願う。山岸は、生きるということは自己認識、自己成長であり、自分の存在を肯定し、愛することだと述べた。それが成功につながる道と固く信じている。誰もが山岸のように考えて、生きられるわけではない。しかし、山岸の考え方、生き方をひとつの指針として、読者がいま一度自分を見つめなおしてみることは有益ではないだろうか。

4月　5月　6月

7月

3月

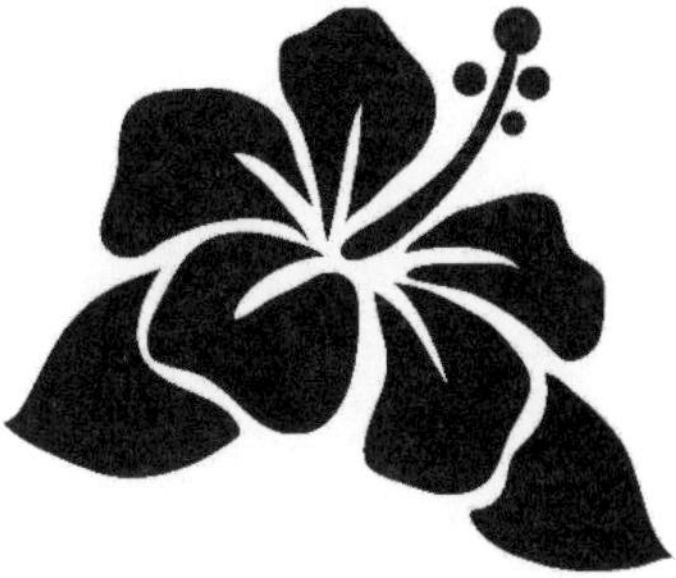

2月　8月

ハイビスカス

勇敢

1月　9月

12月　11月　10月

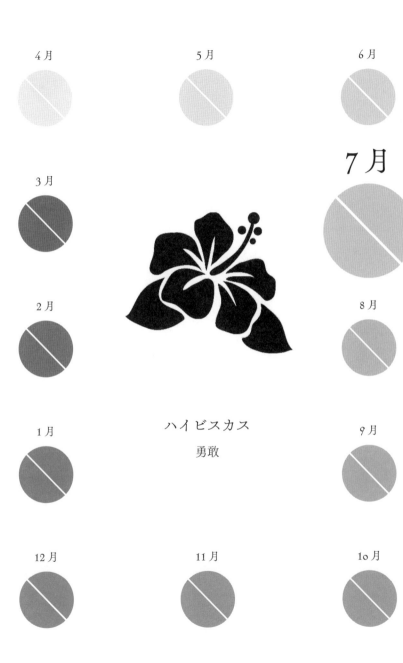

7月1日

啓蒙と教養
――カント・村上・亀山の提言――

かつて、大学の一般教養科目群が「ぱんきょう（般教）」と呼ばれ、軽んじられていた時期があったが、近年は教養科目に力点を置く大学が増えている。学部生から大学院生までを念頭にリベラルアーツを主軸にした教育プログラムを開始した大学もあれば、三、四年生を対象にして後期教養科目を編成する大学もある。いずれの大学も、学生に自分の頭で考える力、専門以外の分野にも対処できる力を求めている。そうした力こそが、今の先の見えない危機的な社会状況において、難局を乗り越えて生きぬく支えになると信じられているからである。大学で学ぶ経済や金融、情報などに関するいくつかの専門知識は、社会状況の変化や技術の進歩に伴い、卒業後には古びたものになっているかもしれない。しかし、教養という、社会で生きるためにひとりひとりが身につける力はけっして古びない。大学入試のように、必要に迫られて憶えた知識は、試験が済めばすぐに頭から消えさるが、長時間をかけて体得したものは生活の困難な局面を切りぬける力になる。

ひとりひとりが教養を身につければ、単なる世間話や噂話のレヴェルを超えて、他者との豊かな対話が可能になる。それを通じて、さらにお互いが刺激し合い、より深い教養を身につけていくことができる。こうした相互の切磋琢磨の経験は、カントというドイツの哲学者が「啓蒙」ということばにこめた意味とつながる。

そこで、今回はカントの論文とふたりの日本人が書いた教養論をおすすめしよう。「自分で考える」、「自己を変える、掘りさげる」、「自己に配慮する」、「相互のコミュニケーションを深める」といった教養的な実践とその意味について考える機会にしてほしい。

カントは、『永遠平和のために／啓蒙とは何か』（光文社古典新訳文庫、二〇〇六年）所収の「啓蒙とは何か」という論文のなかで、「啓蒙」をこう定義した。「それは人間が、みずから招いた未成年の状態から抜けでることだ」（傍点カント）（10頁）。「未成年の状態とは、他人の支持を仰がなければ自分の理性を使うことができないということである」（傍点カント）（10頁）。なぜそうなるのか。カントによれば、自分で考える代わりに書物に頼り、良心を働かせる代わりに牧師に頼り、自分で食事を節制する代わりに医者に食事療法を教えてもらうのがなんとも楽なことだからだ（11頁参照）。「お金さえ払えば、考える必要などない。考えるという面倒な仕事は、他人がひきうけてくれるからだ」（11頁）。

カントは、社会のなかに、人間に自力で理性を行使することよりも、未成年のままにとどまる快楽の方を選ばせるような仕掛けが潜み、それが人間の自力歩行を妨げる足かせとなっていると見なしていた。しかし、そういう状況のなかでも、自らの未成年状態を打破し、自分で考えるという使命と価値を信じるひともいるというのがカントの見立てであった。

カント自身は、理性の働きを行使して生きるのが人間だと確信していたから、理性を軽んじる人間に我慢がならず、『自分の理性を使う勇気をもて』」（10頁）と檄を飛ばした。

自分の理性を働かせるとは、なによりも「自分の頭で考えること」である。カントは、それに加えて、「首尾一貫した仕方で考えること」を強調した。自分で丁寧に道筋を立てて、矛盾することのないような仕方で考えるということだ。カントは、もうひとつ、「他人の立場に立って考えること」も重要と見なした。いずれも簡単にできることではない。重要な問題について自分で考えて判断するよりも、誰かに考えてもらう方が楽だ。ひとつひとつ思考の歩みを確認しながら、方向を間違わないように考えることは大変厄介な作業である。さらに相手の立場に立って考えるとなると、はるかにむずかしい。相手の気持ちに即して考えず、自分の狭い尺度でしか他人を測れないひとは、広く、深い世界を生きているひとが理解できない。自分の浅い見方で切り取れる側面だけを見て、分かったつもりになってしまうのだ。

われわれは多かれ少なかれ未成年状態にある。完成された大人などどこにもいない。しかし、カントが言うように、理性を活用して、自分の未成年状態からの脱却を企てるひとはいる。そういうひとが増えてくれれば、政治のあり方も変わっていくと、カントは考えた。

村上陽一郎の『あらためて教養とは』（新潮文庫、二〇〇四年）は、ある編集部の女性が村上の話を聞き取り、文章化したものである。序章　教養の原点はモラルにあり、第一章　教養教育の誕生、第二章　知の世界への扉——古典語との出会い——、第三章　日本の教養のゆくえ、第四章　大正教養人の時代——知的教養主義の伝統と継承——、第五章　価値の大転換——戦後民主主義教育で失われたもの——、第六章　いま、ふたたび教養論——規矩について——）、終章　私を「造った」書物たちからなる。目次から分かるように、村上は教養の定義、国内外の教養教育の過去と現在、教養と価値の問題などについて幅広い視野から語っている。

村上は国際基督教大学の教養学部で長く教えた。専門は科学史、科学哲学である。村上によれば、教養とは「自分に対して則を課し、その則の下で行動できるだけの力をつける」（16頁）ことである。自分の行動の原理原則を明確にし、それにしたがって動くことができるのが教養人だというのである。村上は、「則」の代わりに、「規矩《きく》」という、あまりなじみのないことばを好んで使う。「『規矩』は、自分独りに課したものでありながら、やはり自分の生きる社会との関係の中で、自らと社会との協働関係の中で、見出し、自分に課していくべきものです」（同頁）。要するに、ひとりのときにも、他人といるときにも、自分が自分自身に課したルールを厳守して生きるということだ。どういうルールを自分に課すのか、それを決めるのは個々人である。

村上によれば、「『自分』という人間をきちんと造り上げていくこと」（185頁）が教養の意味である。

政治家にして哲学者であったセネカは、自分自身を耕すひとは少ないと述べたが、村上も教養と「『自分を耕す』」（同頁）ことを結びつけている。畑は手入れを怠れば雑草が生え放題になり、荒れはててしまうから、入念に耕すことが必要だ。野菜や果物が実るためには、よい土を入れ、肥料を与え、水や光の配分に気を配らなければならない。それと同様のことは、自己についてもあてはまる。われわれは、未熟な自分に欠けていているものをおぎない、少しでも成長した自分へと自分を導いていく配慮を忘れてはならないのだ。

村上は、自分を造りあげていくタイプのひとを二種類に分けている。ひとつは、「自分をしっかり持って、自分を見つけて、自分をきちんと造り上げていく」（186頁）タイプである。親や友人、他人の意見を謙虚に聴いて、自分で考え直して、受け入れるべきものは受け入れて、自分の成長に役立てていくひとである。農民は、土や水、雨や風の声を聴いて、自然から学んで農業に専念する。漁民にとっては、海がともに成長する相手だ。

もうひとつは、「自分というものを固定化するのではなく、むしろいつも『開かれて』いて、それを『自分』であると見なす作業、そういう意味での造り上げる行為」（187頁）を死ぬまで続けるタイプである。この場合には、自分の狭い世界を広げてくれる小説や詩などが助けになる。村上は、それ以外に、紀行文や日記や書簡を読むことも自分を造りあげる試みに不可欠と見なしている（188頁参照）。

自分を造りあげていくためのアドヴァイスがいくつかなされている。間口をひろげて、積極的になんでも学んで吸収すること、善悪を見抜く目を養うためになんにでもぶつかっていくことなどである（199頁参照）。

自分で自分を造る教養の時間を生きることによって、新入生は「人間的成熟と知的成熟」（200頁）とを図ることができる。専門教育は後回しにしてよい、というのが村上の提言である。

終章では、自分の造り方にもっとも影響力のあった書物として、夏目漱石と宮沢賢治の本が取りあげられている。村上は、漱石の描く男の「弱さ」をひとつひとつ自分のなかに認めることによって、自分を造ってきたと述べ、漱石の描く女性を通じて、女性を見る目が作られたという（279頁参照）。賢治からは自然の見方を学んだという。「普通に接していたのでは見逃してしまうような自然の一襞一襞を、これを見逃しては駄目だよというように、私たちにそっと見せてくれる、それが賢治を読むときの醍醐味ではないでしょうか」（290頁）。

すぐれた作品は、読み手の心に響き、自己改造をうながす。長く読みつがれる本とは、それぞれの読者のなかで、それぞれの変容を遂げていく、そうした無限の変容体なのである。

亀山郁夫の『人生百年の教養』（講談社現代新書、二〇二二年）は、教育・研究と翻訳を中心に過ごしてきた著者の回想録である。序章　人は信念とともに若く、第一章「教養」、すこやかな喜怒哀楽、第二章　少年時代――「私」という書物1――、第三章　青春時代――「私」という書物2――、第四章「私は外国語が苦手」、第五章 モンタージュ的思考、第六章 実践の技法、第七章 俯瞰的思考、第八章 老いの作法、終章 大厄災時代に贈る言葉からなる。著者は肩の力を抜き、自分の失敗談もまじえながら、ユーモラスに語っている。

亀山はドストエフスキーの研究者、翻訳者として知られている。教育者としては、天理大学、同志社大学、東京外国語大学などで教鞭をとった。

亀山は「序章」でこう述べている。「教養とは、あくまでも自分と他者の関係性のなかで、それが共有されることで初めて価値をもつ知の体系であるということです。その意味で教養とは、対話とコミュニケーションの問題でもあるのです。私が考える『教養』は、何よりも、『語り合い』たいという衝動そのものに出発点を置いています」（９頁）。中身の濃い対話のためには、ひとりの時間のなかで自分の思考を深め、世界を広げる努力が欠かせない。しかし、自分の思考を深めると言っても、自分の狭い思考では限界がある。それゆえに、内外の文学や思想、文化・芸術などに関心をもち、見知らぬ世界との関わりを広げていかなければならない。自分とは違うものの見方をするひとや、自分の知らない世界に詳しいひとと交わることも大切だ。そのことを通じて、自分の素朴な常識や凝り固まった見方が崩され、あたらしい知の地平を目にすることができる。自分の教養に自己満足したり、驕り高ぶったりするのは禁物で、「謙虚な気持ちで隣人の言葉に耳を傾け、隣人の愛の対象を正確に見きわめる努力」（10頁）が大切だと、亀山は言う。「相手の立場に立って考えること」を強調したカントと重なる。

第一章の冒頭で、亀山は夏目漱石の『こころ』再読の経験を語る。亀山は、四五年後にこの小説を再読して、先生の心情に深く入りこむことができたと言う。高校二年の夏休みに読んだときには、もっぱらKに同情していたと回想する。しかし、Kが親友のニックネームであったことに思い当たり、当時、「K」と「先生」の双方の視点からこの小説を読んでいたことに亀山は気づく。この記憶修正の経験を通じて、老いることで過去の見え方や現在のあり方が以前と根本的に違ってきたという確信をもった(19～20頁参照)。老いは経験のあらたな可能性の地平を開くのである。「こうして、たとえ老いても、喜び、怒り、悲しみ、楽しみをいきいきと経験できる主体であり続けることができれば、老いも一概に不幸な状態とはいえないと考えました」(20頁)。

この一文に続けて、幸福論が語られる。亀山によれば、人間の幸福とは、「感情豊かに、エモーショナルに生きること」(同頁)である。後半の意味は、「より高い次元、より普遍化され、浄化された次元で、『喜怒哀楽』をすこやかに経験できる知性を持つ」(21頁)ということである。そのためには、小説や詩、絵画、音楽などと親しみ、「人類が生み出した知恵や伝統の助け」(21頁)を借りる必要があり、こうしたバックグラウンド(すなわち教養)こそが友人との実りある対話の条件でもあると、亀山は言う。真の教養とは、単なる共通知のカタログなどではなく、人間の知と情念が一体化したものとして経験されるべきものなのだ(28頁参照)。

第三章は、青春回想記だ。東京外国語大学のロシア語学科に入学後に書き始められた読書ノートの一部が引用されている。カミュ、モーパッサン、ドストエフスキー、トルストイ、ジッド、フォークナー、カフカ、サルトルなどの作品が並んでいる。三年生の夏休みに、友人が「この夏休みはロシア語で『罪と罰』を読むかねえ」と言うのを聞いて、対抗心がわいた亀山は、ひと夏で『罪と罰』の原書を読破した。これを契機に、ドストエフスキーにのめりこんでいくことになる。その友人と三〇年ぶりに再会し、当時の発言についてたずねたところ、「『罪と罰』をロシア語で読めるなんて思ったこともないし、読もうと思ったこともない」(120頁)という答えが返ってきた。亀山は、ちょっとした誤解で運命が変わることもある人生に愉快さを感じ取っている。

終章には、二〇二一年の三月の卒業式で読まれた「贈る言葉」が再録されている。亀山は卒業生にたずねる。「自分の考え方に柔軟性があると感じますか」、「自分の気持ちをコントロールできる自信がありますか」、「どんな状況でも『何とかなる!』という楽観をもてますか」という問いかけである(294頁参照)。思春期の亀山は、「しなやかさに欠け、自分の気持ちが抑えられず、何ごとも無理と決めつけ、物事を悪く考えがち」(294頁)で、ほぼ落伍者に近い後ろ向きの人間」(同頁)だったという。しかし、ただひとつ自分を支えてくれたのが「感謝の気持ち」(同頁)であり、それは、自分がなにかしら「大きなもの」と出会い、自分という人間の小ささを自覚することから生まれると、亀山は語る(294〜295頁参照)。小さな自分でも生きられるのは、「大きな力」のお蔭だと感謝するようになるというのだ。式辞はこう締めくくられる。「どうか、真の意味での『大きな力』との出会いを求めて、（中略）真の意味での『大きな人』になってください」（296頁）。

7月2日

経済の話

――ヤニス・バルファキスはこう考える――

ヤニス・バルファキスの『父が娘に語る　美しく、深く、壮大で、とんでもなく分かりやすい　経済の話』（関美和訳、ダイヤモンド社、二〇一九年）は、経済学入門として最適の本である。小説やＳＦ映画などもネタにして、楽しく読んでもらいたいという著者の思いが伝わってくる。分かりやすい説明と、熱い語り口がすばらしい。世界中で絶賛されているという評価も決して誇張ではない。

バルファキスは一九六一年にアテネに生まれた。二〇一五年の経済危機の折に財務大臣を務め、大幅な債務帳消しを主張し、この主張は国民投票でも支持された。現在はアテネ大学で経済学を教えている。「訳者あとがき」には、「革ジャンにスキンヘッドでバイクを乗り回し、マスコミには揶揄まじりに『政界のブルース・ウィリス』と書かれたこともあります」（245頁）とあり、型破りの先生のようだ。

プロローグ「経済学の解説書とは正反対の経済の本」、第一章「なぜ、こんなに『格差』があるのか？――答えは一万年以上前にさかのぼる――」、第二章「市場社会の誕生――いくらで売れるか、それがすべて――」、第三章「『利益』と『借金』のウエディングマーチ――すべての富が借金から生まれる世界――」、第四章「『金融』の黒魔術――こうしてお金は生まれては消える――」、第五章「世にも奇妙な『労働力』と『マネー』の世界――悪魔が潜むふたつの市場――」、第六章「恐るべき『機械』の呪い――自動化するほど苦しくなる矛盾――」、第七章「誰にも管理されない『新しいお金』――収容所のタバコとビットコインのファンタジー――」、第八章「人は地球の『ウイルス』か？――宿主を破壊する市場のシステム――」、エピローグ「進む方向を見つける『思考実験』」からなっている。

この目次を見ただけでも、本書を興味津々で読めるようにとの著者の配慮がうかがえる。著者は「プロローグ」でこう告白している。「経済学を教える者として、若い人たちにわかる言葉で経済を説明できなければ教師として失格だとつねづね思ってきた」（2頁）。若者に伝わる話をするためには、具体的な事例をとりあげながら、専門用語に頼らず、平易な言葉を用いて説明することが必要である。著者は、しばしば間違ったことを言う経済学者に頼らず、自分の頭で考え、判断し、意見が言えるようになることを読者に求めている。著者は、離れて暮らす娘に話すつもりでこの本を書いたという。

第一章は、「『パパ、どうして世の中にはこんなに格差があるの？　人間ってばかなの？』」（22頁）という、怒りを伴った娘の問いに答えている。著者は、大昔からあった市場と、特定の要因で生まれた経済を区別すべきと考えている。経済が生まれた要因は、八万二〇〇〇年ほど前に発せられるようになった「言語」と、一万二〇〇〇年前に始まった農耕である。農産物の生産によって、経済の基本となる要素としての「余剰」が生まれたという。農産物の余剰が、文字、債務、通貨、国家、官僚制、宗教、テクノロジー、戦争にも結びついているというのが著者の見解である（26〜36頁参照）。農産物の余剰を蓄積して富裕化する一握りの支配者層と、極度の貧困層に二分化したのが格差の始まりだ。著者は、娘に格差の歴史的な背景を知り、格差は当たり前のことだと思わないようにしてほしいと願う。「君には、いまの怒りをそのまま持ち続けてほしい。でも賢く、戦略的に怒り続けてほしい。そして、機が熟したらそのときに、必要な行動をとってほしい。この世界を本当に公正で理にかなった、あるべき姿にするために」（44〜45頁）。

第二章は、ふたつの価値、すなわち、交換価値と経験価値の話から始まる。市場価値がつくのが交換価値であり、そうでないのが経験価値である。売買の対象になる商品は交換価値をもつが、相互に助け合ったり、遊んで楽しんだりすることは売り買いするものではなく、それぞれが経験する価値である。著者は、この二、三百年の間に、多くのものが商品になり、交換価値が経験価値を打ち負かすようになり（53頁参照）、さらに、市場社会が始まり、生産手段、生産の場所、労働者も商品化されたと述べる（58〜60頁参照）。それは、世界がカネで回るようになったということだ。「いまは、城でも絵画でもヨットでも、カネさえ積めば買えないものはない。交換価値が経験価値を打ち負かし、『市場のある社会』が『市場社会』に変わったことで、何かが起きた。おカネが手段から目的になったのだ」（71頁）。その理由は、人間が利益を追求するようになったからだ。それは最近のことだと著者は言う。

「利益の追求が人間を動かす大きな動機になったのは、借金に新たな役割ができたことと深いつながりがある」（72頁）。

第三章は、富が借金から生まれる世界を描いている。封建時代の生産→分配→債権・債務という流れが、土地と労働が商品になる時代になって大転換し、分配が生産に先行し始めた。事業者は借金をして生産活動に従事するようになり、借金倒れにならないように利益をあげることを目指した。こうして、事業者間の利益獲得競争も苛烈なものになった。

第四章では、銀行機関や国家の役割、両者の関係、金融危機の正体、焦げつきがなぜ起こるのかなどについての明快な説明がなされている。銀行はこう断罪される。「銀行の黒魔術は市場社会を不安定にする。景気のいいときには莫大な富を生み出し、不景気になると富を破壊する。そうやって、権力と富をひと握りの人の手に配分し、その富を奪う」（118頁）。銀行の狡猾な振る舞いが随所で批判されている。

以下、第八章まで、市場社会の不安定要因としての「労働力」と「マネー」、悪魔が潜む場所としてのマネー・マーケット、市場が混乱する理由、機械と人間の関係の行く末、マトリックスとカール・マルクス、イカロス症候群、ビットコイン、経済活動と地球環境の破壊といった問題が魅力的な語り口で、説得力を持って語られている。これらの章を読めば、現代社会の諸相に目が向くようになり、世界を見る目が変わることは疑いえない。

著者の本音と批判的見方が率直に語られている「エピローグは」、本書でもっとも読むに値するものである。著者の批判のひとつを引用しよう。「市場社会は見事な機械や莫大な富をつくりだすと同時に、信じられないほどの貧困と山ほどの借金を生み出す。それだけではない。市場社会は人間の欲望を永遠に生み出し続ける」(233頁)。著者は、欲望に駆り立てる装置としてのショッピングモールをやり玉に挙げている。「その構造、内装、音楽など、すべてが人の心を麻痺させて、最適なスピードで店を回らせ、自発性と創造性を腐らせ、われわれの中に欲望を芽生えさせ、必要のないものや買うつもりのなかったものを買わせてしまう」(同頁)。消費する存在と化したわれわれを、欲望の奴隷へと駆り立てる装置は数限りない。今やわれわれは、ネットやスマホに溢れかえる情報や映像の渦に巻きこまれて、溺死寸前の状況にある。

著者はまた、人間を洗脳するものとしてのマスコミと、政治信条を人々に刷りこむものとしての経済学を批判している。「経済を学者にまかせるのは、中世の人が自分の命運を神学者や教会や異端審問官にまかせていたのと同じだ。つまり、最悪のやり方なのだ」(235頁)。著者は、学者が信用できないから、経済学者になったという。「経済理論や数学を学べば学ぶほど、一流大学の専門家やテレビの経済評論家や銀行家や財務官僚がまったく見当はずれだってことがわかってきた」(236頁)。彼らは、「現実の労働者やおカネや借金を勘定に入れていない」(同頁)。だから役にたたないと断罪されている。著者は、数理モデルを駆使して経済の仕組みを解明し、自分が科学者でもあるかのようにふるまう経済学者のいかさまぶりを容赦なく批判している。

それでは、マスコミを信じず、経済学者の信用できない言説をうのみにしない代わりになにをするのか。著者の答えは、「自分で道を探すしかない」（240頁）である。「え？　そんなことできるの」と言い返したくなる。そのためになにをしたらいいのか、それが分かる人は少ないだろう。道を探す以前に、迷ってしまいそうだ。

著者は、道を探すためのヒントを語っている。「人を支配するには、物語や迷信に人間を閉じ込めて、その外を見させないようにすればいい。だが一歩か二歩下がって、外側からその世界を見てみると、どれほどそこが不完全でばかばかしいかがわかる」（同頁）。「私が絶対に嫌だし恐ろしいのは、気づかないうちに誰かにあやつられ、意のままに動かされてしまうことだ。たいていの人は私と同じように感じているはずだ。『マトリックス』や『Vフォー・ヴェンデッタ』のような映画がヒットするのはそのためだ」（232頁）。この世界で権力者や政治家によって企まれていることや、現に起きていることを無批判に受け入れてしまえば、何事も平穏に過ぎていくかもしれない。その外に出て見つめることと、「遠くから俯瞰してみる視点」（240頁）をもつことを避けて通れば、立ちどまって考える機会も失われるかもしれない。しかし、その状態が続けば、今なにが起きているのか問うこともなく、自分が生きている世界の内でなにを考え、どう生きているか、その姿を見定めることもないままに生きて、老いていかなければならない。道に迷って、右往左往することになるのだ。

著者はこうアドヴァイスする。「世界のありのままの姿をはっきりと見るために、積極的にはるか遠くの場所まで旅をしてほしい。それによって、君は自由を得る機会を手にできる」（241頁）。特定の環境のなかに閉じこもっていると、巨大な政治やマスコミの力に拘束され、支配されかねない。だからこそ、くびきを断ち切って旅に出ろと檄を飛ばしている。

おしまいの方で、著者は若者たちにこう呼びかけている。「大人になって社会に出ても精神を開放し続けるには、自立した考えを持つことが欠かせない。経済の仕組みを知ることと、次の難しい問いに答える能力が、精神の自由の源泉になる」（241頁）。その問いは、「『自分の身の回りで、そしてはるか遠い世界で、誰が誰に何をしているのか？』（242頁）というものだ。この問いに答えるためには、本書の中心に置かれている「『この世の中には有り余るほどおカネを持った人がいる一方で、何も持たない人がいるのはなぜだろう？』」（242頁）という疑問を突きつめてみること、自分の周囲や、自分の見知らぬ遠い世界でなにが起きているかを注意深く見つめて、考えること、さらにまた、深く考えるために必要なことを知ることが大切である。現実の社会は、格差の解消とは逆の方向に向かっているし、金儲けを優先する強欲な者たちによる環境破壊はとどまることを知らない。支配の欲望とむすびついた戦争は人々の平穏な暮らしを奪いさり、大地を疲弊させている。そうしたことがなぜ起きるのか、それを考えることもわれわれに求められている。

本書は、経済に関心をもつ人にも、そうでない人にも等しく訴えかけてくる圧巻の本である。高校生や大学生にとっても、社会人にとっても読みごたえのある一冊である。

ヤニス・バルファキスは、「プロローグ」で四冊の本をすすめている。ジャレド・ダイアモンドの『銃・病原菌・鉄』（倉骨彰訳、草思社文庫、二〇一二年）、リチャード・ティトマスの『贈与関係』（未邦訳）、ロバート・L・ハイルブローナー（一九一九〜二〇〇五）の『入門経済思想史　世俗の思想家たち』（八木甫他訳、ちくま学芸文庫、第二四刷、二〇二一年）、マーガレット・アトウッドの『負債と報い――豊かさの影――』（佐藤アヤ子訳、岩波書店、二〇一二年）の四冊である。アトウッドの本については、拙書『19歳の読書論　図書館長からのメッセージ』（晃洋書房、二〇一八年）の「カナダ文学の一面――多文化主義のゆくえ――」のなかですでに取りあげている。

ハイルブローナーの本について少し触れておこう。ハーバード大学や「ニュースクール」で教えた人である。この本は、ハーバード大学を卒業後、「ニュースクール・フォー・ソーシャル・リサーチ」の大学院に進んだハイルブローナーが、そこで在学中に出版したものである。本書は二〇数ヶ国語に翻訳され、多くの大学で経済学の入門書として利用されている。

本書の原題は、*The Worldly Philosophers* であり、副題は、*The Lives, Times, and Ideas of the Great Economic Thinkers* である。過去のすぐれた経済学者の生き方、時代背景、考え方を丁寧に描いている。アダム・スミス、マルサス、リカード、マルクス、ソースタイン・ヴェブレン、J・M・ケインズ、シュンペーターなどが取りあげられている。

本書の成立事情に触れた箇所が面白い。ハイルブローナーは、大学院で勉強していた頃に、生活費を稼ぐためにフリーランサーとしていくつもの文章を書いていた。それに目をとめた出版社の編集者との間で、経済思想の発展史をテーマにした本を出すことに決まった。ハイルブローナーはさっそく、自分の指導教授のアドルフ・ロウ教授に、経済思想の発展史を執筆したいという決心を伝えた。老教授はひどく驚き、「君にはできないね」と威厳ある態度できっぱりと言い切った。ひるむことなく最初の三章を書き上げた彼は、教授に見せた。数ページに目を通した教授は、「これは君がやるべきだ」と告げた（8頁参照）。こうして、この本が世に出た。

ハイルブローナーは、「序文」でこう述べている。「私は、何十万という疑いを知らない犠牲者を経済学の課程に誘いこんだ、と言われた。私は、その結果として経験することになったのかもしれない苦労に報いることはできないが、多くの経済研究者から、本書が示した経済学のヴィジョンを通じて初めて経済学への関心を呼び起こされたという話を聞き、大いに喜びを感じている」（10頁）。

第一章の「前奏曲」で、本書のテーマが示されている。「われわれは、偉大な経済学者たちが見つけたわれわれ自身の社会の根源を、混乱した社会の中に再発見するために歴史を遡ることにしよう。そうすることによって、偉大な経済学者たち自身を知ることになるだろう。それは、彼らの人となりが華やかな場合が多かったからだけでなく、彼ら自身が思想の創始者だったからである」（20頁）。

第二章で「市場システム」について論じられた後、第三章から第八章までで、先に挙げた経済学者たちについて主題化されている。第一一章で、著者の経済学に関する定義と目的が述べられている。「経済学はその核心において、われわれが経済と呼ぶ複雑な社会的存在の働きについて、さらにはその問題点と見込みについて、われわれに教えるのを目的とする、説明の体系なのである」(508頁)。「経済学の目的は、予見しうる未来に向け、われわれが集団としての運命を形づくっていかざるをえなくなるであろう資本主義の環境について、よりよく理解するのを助けることである」(520～521頁)。

なお、本書の「読書案内」には、経済学関連の書物が豊富に紹介されているので参考にしてほしい。本書をバルファキスの本と重ね合わせて読めば、現代社会を見つめる確かな視点が得られるにちがいない。

4月 5月 6月

3月 7月

2月

8月

ヒマワリ

情熱

1月 9月

12月 11月 10月

8月1日

ふたつの言語を生きる

――フランソワ・チェンの歩み――

フランソワ・チェンの『さまよう魂がめぐりあうとき』(辻由美訳、みすず書房、二〇一三年)は、小説「さまよう魂がめぐりあうとき」、「ディアローグ(対話)――フランス語への情熱――」、「縁組した言葉で作家になること――フランソワ・チェンに訊く――」からなる。

フランソワ・チェン(一九二九〜)は、中国山東省済南市出身。本名は、程紀賢(程抱一は筆名)。日中戦争の戦火を逃れて四川省に移り住み、幼年時代に、戦争の残虐さ、暴力と死、飢餓などを体験した。一五歳で文学に目覚め、中国文学、フランス、ロシア、イギリスの文学を読みふけった。チェンの『魂について――ある女性への7通の手紙――』(水声社、二〇一八年)の訳者、内山憲一の「死と生、そして魂――『解説』にかえて――」によれば、一九四八年に、ユネスコに勤務していた父が帰国し、政治的なデモに参加して逮捕された息子の身を案じて、任務先のパリに同行させたという(162頁参照)。一九歳のチェンは、フランス語をまったく知らないままパリに着いた。父の帰国後もパリに残り、さまざまな肉体労働で食いつないだ。再渡仏した父の斡旋で得たユネスコの奨学金が切れると、赤貧生活に戻った。そのなかで、図書館に通い、コレージュ・ド・フランスで聴講した。中国語による詩作、フランスの詩の中国語訳にも打ちこんだ。

聴講クラスでの発言がきっかけで、中国学の専門家のポール・ドゥミエヴィルに認められ、「中国言語学研究所」で研究する道が開かれた。その後、七世紀の詩人、張若虚の作品を分析した論文が、ロラン・バルト、ジュリア・クリステヴァらに評価された。一九七〇年代には、『中国の詩的文学』（一九七七）と『空と充実――中国の絵画的言語――』（一九七九）を著した。これらが契機となって、ジャック・ラカン、ジル・ドゥルーズ、エマニュエル・レヴィナスらと交流するようになった。中国思想に強い関心をもっていたラカンとは数年間、定期的な議論の時間をもった。その後も、小説、随筆、詩、美術評論、翻訳などの分野で幅広く活動し、二〇〇二年には、アジア人としては初めてアカデミー・フランセーズの会員に選ばれた。

「さまよう魂がめぐりあうとき」は、紀元前三世紀に起きた秦の始皇帝暗殺未遂事件を題材とした小説である。合唱と、春娘、荊軻、高漸離の三人のモノローグが反復される全五幕からなり、これは西洋の古代劇の形式にのっとっている。

第一幕の冒頭の「合唱」で、この小説の主題が、三人の間の「変わらない友情、ゆるぎない愛」（8頁）であると語られる。三〇年のときを経て、始皇帝の暗殺に失敗して殺された荊軻と高漸離の魂が春娘のもとに戻ってくる。「満月の夜になると、彼らの魂はここに、彼女のもとにいる。まず、ほとばしる言葉の波がぶつかりあい、少しすると、より秩序だったやりとりになるが、それはあくまでも激しく、あくまでも熱く燃えている」（9頁）。「合唱」はこう閉じられる。「聞き手のわたしたちにもとめられるのは、彼らに付き添い、彼らがこの壮大な物語の舞台裏をくまなくおもいおこす助けになることだ。さあ、三人に言葉を託そう。三人がそれぞれどこからやって来て、どうして知り合ったのか語るのに耳を傾けよう」（10頁）。

「春娘」では、春娘が自分の過酷な生い立ちと、「筑」という楽器の見事な弾き手である高漸離との出会いについて語る。

「高漸離」では、筑の奏者になるまでのいきさつと、春娘との出会いが語られる。「彼女のすべてが唯一だった。堕落しきった世の中に、これほどの美が存在していて、偶然が旅の途上でわたしと会わせてくれた、この世で！」（21頁）。おしまいで、荊軻の出現による運命の変転が告げられる。

「荊軻」では、演奏の合間に顔をあげた高漸離と荊軻の最初の出会いと、給仕をする春娘を目にした感動が語られる。「『この老いた大地が、まだこんな優美な花を咲かせることができるのか！』、人びとのざわめきの中でわたしは大胆にもそう叫んだ」（26頁）。

その後も、春娘と高漸離のモノローグが続く。三人の出会いの幸福、愛と友情が語られる。しかし、この交わりは長くは続かない。春娘は、王の側女として宮廷に連れ去られたのである。

続く第二幕では、荊軻が始皇帝暗殺を決意するまでの過程が、第三幕では、その失敗が語られる。第四幕では、始皇帝暗殺に失敗した高漸離に対する拷問と死刑執行までが語られる。

第五幕の「合唱」はこう始まる。「傲慢、野望、独裁の陶酔、それらすべてが人間にとりつき、狂気へとかりたてる。人間は非人間となり、非人間は魔物となる。暴力は暴力を生み、恐怖を糧として生きる者は、恐怖により破滅する」（105頁）。このあとに秦の専制君主の生涯が語られる。

「春娘」は、年老いた春娘のモノローグだ。「わたしはまだこの地上にいるのに、自分のなかにやどしているふたりの人間との分かち合いを経験する、規則的な間隔をおいて満月の夜になされる分かち合い。わたしたちは三人がたどった、光と闇とが絡みあう道程をふたたびたどる。めいめいが自分の生きたこと、感じたことを語りえた。めいめいがすべてを語りえた、言葉にならないもの以外は」（109頁）。モノローグは、「高らかに響け、再会した魂の歌よ！」で終わり、「再会した魂の歌」が一六ページに渡って続く。全篇を通してみなぎる緊迫感が円環的構造のうちに閉じられ、読者は今もなお三人の魂が交感し合っているかのような、時間を超えた余韻のうちに残される。

「ディアローグ（対話）」には、チェンの回想と言語論、比較文化論が含まれている。「フランスに来てから少なくても二十年間、わたしの生活を刻みつけたのは、矛盾と分裂にみちた激しい奮闘だった」（131頁）。フランス語の勉強に熱を入れる時間が増えても、中国語は消えなかった。「母語はいわば弱音化されて、忠実にして密かな話し相手となった。そのささやきは、わたしの無意識をはぐくみ、変換すべき映像、満たすべき郷愁をひっきりなしにあたえてくれるだけに、頼りがいのある話し手」（131～132頁）。チェンは、「縁組した言葉」（132頁）への愛情と母語への信頼にみちた「言語学的冒険」（同頁）のただなかで、両者の対話の可能性を探求した。

中国に生まれたチェンにとって、中国語は自然に身についた。しかし、フランス語は、「隙間なく構築され、厳重に監視された、容易には越えがたい障壁をはりめぐらせている体系」（132頁）にほかならず、その言語を学ぶということは、その障壁をひとつずつ乗り越える苦闘であると同時に、そのことを通じてあらたな自分をつくりあげていく作業でもあった。「言語を手段として、言語を通じて、わたしたちは自己を発見し、自己を表現し、他の人たちとの絆、生きとし生けるものの世界との絆をむすび、信仰心をもつ人たちならば、人間を超越した存在と交わるのである」（133頁）。

チェンにとって、「言語学的冒険」とは、自分の身体、知性、理解力、想像力のすべての動員を必要とするものであった（133頁参照）。「語彙と文法の規則を学べばすむものではなく、感じとり、知覚し、論理づけ、たわごとを言い、誓い、祈る、つまり、存在することを学ぶのだ」（同頁）。「ほんとうに学ぶこと、つまり全身全霊を傾けてその言語にとりくみ、その言語が生存、あるいは創造の手段となるほどに、自己の運命のすべてをかけることは、とてつもない挑戦に類する。そんな企てがどれほどの努力を要するかは容易に想像できる。忍耐と根気、決心と情熱が必要だ。わたしが直面したのは、そうした冒険だった」(133〜134頁)。チェンは、この冒険を「『理性的恋愛結婚』」(134頁)と呼んでいる。

チェンはこうも述べている。「フランス語に全身全霊をそそいだことで、自分の過去をかたちづくっているものから、自己を離脱し、個々が独立している表意文字から、連結型の表音文字への移行という、きわめて大きな差異をのりこえなければならなかった。この離脱、この差異は、途中で自分を失わせることなく、わたしにふたたび根をあたえてくれた。(中略)その新しい言語によって、(中略)あらたにものごとを名づけるという行為を成し遂げたからだ」(187頁)。チェンは自分自身のことをこう表現している。「いまや、他の言語が棲みついていながら、内的対話は途絶えることなく、地下で交わる水流にいる人間は、つねに自己でありながら、自己でない者、もしくは自己の前を行く者でありつづけるという恵まれた状況を生きている。ものごとと遭遇するとき、彼は『重層音響』もしくは『重層映像』によるアプローチを享受しているような錯覚にとらわれる。その視野は必然的に多次元のものとなる」(187〜188頁)。多言語主義の重要性が言われて久しいが、チェンのこうした文章は、それを内的に深く生きることのみごとな証言となっている。

チェンによる中国思想の要約が示唆に富む。道教の流れを汲むひとにとっては、生きているものすべてを活気づけ、結合する「気」という概念が重要である。「気」には、陰、陽、沖気という三つのタイプがあるという(136頁参照)。これに対して、儒者たちにとっては、人間を中心にした天ー地ー人が根本概念である(同頁参照)。道教と儒教に共通するのが「道《タオ》」という概念である。中国思想は、「気」

に依拠した宇宙観をもち、その核心は、人間と万物、自然と宇宙、「天」と呼ばれる至高の存在と対話することだという（137頁参照）。

他方で、チェンは、フランス文学にみられる人間の魂の鋭利な分析や洞察を念頭に置きながら、中国思想をこう批判する。「この思想には、周囲の環境から人間を十分に切り離し、その特異性にかかわるすべてのことを徹底的に探究し、とりわけ、その存在の十全性と唯一性を保障するということをしてこなかったのではないか」（192頁）。西洋の思想についてはこう指摘する。「西洋が自律的な地位にひきあげたその主体は、度を越した個人主義にゆきつき、（中略）ときにはふしぎなほどの脆さを露呈する。自己が属する創造された宇宙との結びつきをもたず、いわば原初の根から切り離されているからだ」（193頁）。ふたつの言語を生きぬき、相反する側面をもつ中国とフランスの文学や詩と格闘してきたチェンならではの発言である。

チェンは、紀元前四世紀頃の中国とインド仏教の出会いについても語る。「罪の感覚、魂の救済、瞑想における深層や段階の概念、すべてにわたる慈悲の実践」（139頁）などを通じて、仏教は中国思想を豊かなものしたという。他方で、仏教も道教の影響を受けて、禅の宗派が生まれた。その後も、イスラム教やキリスト教が流入し、中国には人類のおもな教義のすべてが共存している（140頁参照）。偏狭な一神教とは異なる、ある意味で非宗教的な中国という国ならではの寛容さがうかがえる。

「ディアローグ（対話）」は、母語とは異なる言語を学ぶとはどういうことか、自国や他国の伝統や文化、思想を探究することがどういう経験であるかについて、われわれに思考を迫るずっしりと重いエッセイである。

「縁組した言葉で作家になること――フランソワ・チェンに訊く――」は、訳者の辻由美によるチェンへのインタビューをまとめたものである。

辻は、チェンにとってフランス語を学ぶということは、会話や読書、旅行のためではなく、「その言語が自分の血肉となり、生存と創造の武器になるほどに習得することを意味する」(205頁)と述べる。チェンはこう語っている。「『はじめのころは、フランスの詩的言語に入り込むのは容易なことではなく、フランス語で詩を書くのは困難でした。(中略)時がたつにつれて、その困難さ自体がわたしの想像の世界へと感受性をはぐくむようになりました。そうなるまでに二十年から三十年の年月が必要でした。(中略)フランス語の詩集を出版しはじめたとき、フランスに来てから四十年の年月が過ぎていたのです』」(205頁)。

チェンは過去を振り返り、フランス語のなかに完全に入りこむことによって、内的な変化を成し遂げることができたと語る(207頁参照)。パリでの生活によって変身し、自分の深奥にある中国そのものも変化したという(208頁参照)。チェンによれば、フランス語は「『距離をおくことに秀でた言語』」(同頁)であり、それを学んだおかげで、「『ものごとに対して距離をおくこと』」(同頁)を知ったという。「『中国語だけで書きつづけていたとすれば、わたしは感覚や感情の表現にとどまっていて、人物像をえがきだす資質についてはそれほどの可能性をもちえなかったでしょう』」(209頁)。

インタビューのおしまいの方で、チェンは、西洋で暮らし、他の言語で書くという恩恵にあずかった自分だからこそ、それを活かしてなにかをし、なにかに貢献しなければならないと語る(210頁参照)。「『他の仕方で考え、他の仕方で存在しうる人間にならなければならないのです』」(210頁)。異国に身を置くということは、異国を内側から見つめる経験を生きることであり、同時に、母国を外側から見つめなおす経験を生きることでもある。しかし、それにとどまらず、自分のなかに入りこんでくるふたつの言語、ふたつの文化との出会いの経験を検証することでもある。「『わたしはあくまでも中国人でありながら、他の人間なのです。かぎりなく自分であり、かぎりなく他者なのです』」(210頁)。「わたしは一個の他者である」という、詩人のランボーのことばが思い起こされる。内と外、主体と他者の絶え間ない往復運動からのみ創造の火花は生じてくる。

同じ著者による『死と生についての五つの瞑想』(内山憲一訳、水声社、二〇一八年)もぜひおすすめしたい一冊である。死と生についてのチェンの語りが心に響いてくる。静かに語りつげられることばの意味は深く、豊かだ。

8月2日

書くことと生きること
——あるジャーナリストの見方——

千本健一郎の『「書く力」をつける本』（三笠書房、一九九八年）は、東京・新宿の朝日カルチャーセンターでの文章教室をまとめたものである。「書く力」を鍛えたいと集まってくるひとびととのやりとりを通じて得られた経験が巧みな語り口で表現されている。著者は、かつて『朝日ジャーナル』で健筆をふるい、副編集長もつとめた。

「はじめに——『書く力』の三原則——」、「いい文章を『書く』ためには」、「表現力と言語感覚をみがく」、「文章、その吸引力の秘密」、「『引用の力』、『再現』の魅力」、「『文章の作り方』具体例——〈わが声〉を届かせる——」の全五章、「おわりに——何をどう読ませるか『スパイクからバイラインへ——』」からなっている。

自分の文章を正確にむだなく伝えるために必要なこと、これが著者の強調したいことである。著者の教室の新入生のなかには、読み手のことを意識せず、自分の言いたいことだけを書くひとが少なくない（19頁参照）。自分の書いたものにうっとりする、自分の感情を吐露するだけで終わる、自分の体験したことをなにもかも書き立てる、論証の道筋を途中で見失うといった文章もよく見られる（同頁参照）。自分の書いたものが他人の厳しい目にさらされることを忘れて、ひとりよがりの文章を書くからである。そこで、著者は、作文の際には、まず書きたいことの見取図をつくることが大切であると言い、そのための座標軸として次の五つを提案している。1．なにとなにを伝えなければならないかの選択、2．材料の優先順位の確定、3．関連事項の適切な配置、4．論理＝筋道の維持、5．言いたいことが伝えきれているかの確認である（21頁参照）。この種の座標を注意深く意識して書かないと、文章全体の統一性が失われ、焦点の定まらないあいまいな文章になって、読み手を満足させることができないというのだ。

著者はこう述べる。「文章は、人間関係のなかに置かれてこそ文章なのだ。〈私〉に始まって〈私〉に終わるつぶやきとは、そこが根本的に違う。文章は公表を前提としている。したがって何より肝心なことは、意見の相違はあっても明晰な語り口で他者に分かるように書ききることだ」（23項）。著者は、文章を書くということが「書き手が自らの既知の輪から出ようとする行為」（同頁）、「それによっておのれの意識の世界をひろげ、自分自身を変えようとする試み」（23～24頁）なのだと説く。書くことによって変身が可能になるという主張には共感する。自分になじみの世界に自己満足し、それを超えて生きようとしなければ、あたらしい思考は生まれないし、思索と表現によって自分を変えていくことはできないのだ。

とはいえ、自分でつぶやいているだけでなく、他人に伝わり、共感や、ときには反発を買う文章を書くのは簡単ではない。そのためには、感受性の鋭いアンテナをはっておかなければならない。日常生活では、「あれ？」と疑問に思ったり、ちょっとした違和感を覚えたりすることが頻繁に起こっている。たとえば、同席していたひとの顔が一瞬曇るとか、相手の目つきが変わるといった瞬間の出来事だ。それを気にかけなければ、すぐに忘れてしまうような些細なことだ。しかし、そこで立ち止まって、相手の心になにが起きていたのかをさぐり、そこに隠されている意味を考え直してみる。そうすると、些細な出来事の反省から、気づいていなかった意味が明らかになってくる。もしもこの一連の思案をめぐらす過程をそのつど文章化すれば、書いたものを後から何度でも読み直して、反省を深めていくことができる。考えることは過ぎ去ってしまうが、書いたものは残る。それが入念に仕上げられたものであれば、読み手の側の既知の輪を広げることにもつながっていく。書くということは、考えることを文章化することによって自分自身のみならず、他者をも変えうる実践なのだ。

それに対して、「何も考えず、何の策略ももたずに書く人たちは、読む側から無視され、拒否されるこわさに鈍感すぎる。何の根拠（あて、目算）もないのに、自分の書くものはそのまま人さまが読んでくださる、と思いこんでいる」（25頁）と著者は言う。自分にしか分からないものを書いて、他人に読んでもらおうと思うのは図々しい。自分の書いたものを突き放して、他人の目で見直し、修正する作業を伴わない文章は、読み手をうんざりさせるだけだ。

それでは、いい文章を書くためにはなにが求められるのだろうか。著者は次の四つの条件をあげている。1．資料や人間にあたってよく調べ、事実を正確に盛りこむこと。2．事実を順序だてて整理し、表現すること。3．文章の輪郭、中身をはっきりさせ、着ぶくれのない表現をめざすこと。4．おや、と思わせる新奇な要素をいれること。それが読み手に笑いや驚き、感嘆、反発などを呼びさますからだ（26～27頁参照）。こうした条件が満たされることによって、文章全体の骨格がはっきりし、内容も適切に表現されてはじめて、読み手の共感を呼ぶことができるだろう。

著者はまた、いい文章を書くための条件についても述べている。まずは、よく読むことである。そのための大前提は、世の中のさまざまな出来事に対する好奇心の強さである。それがなければ、他人がそれらについてどう見ているのかという疑問も生まれてこない。「他人の書いたものに興味や関心のもてない人が、どうして自分の書いたものなら他人が目を光らせてくれるなんて信じられるのだろう」（29頁）。他人の書き物を読んで、どういう問題が、どういう角度から、どういうふうに表現されているかを不断に学び続けていると、それが自分の書くものに反映するようになる。自分の表現の仕方が他人にどう評価されるかも見通せるようになってくる。だからこそ、よく読んで、考えることが必要になるのだ。著者は、教室で「浴びるほど、ひっくり返るほど本をお読みなさい」（同頁）と言い続けているという。

次は、さまざまな題材を見つけて書く訓練を欠かさないことである。作文であれ、スポーツであれ、絶え間ない練習がなければ上達しないことは明らかだ。いい文章は、書く習慣を支えとするのだ。

三番目は、「書きあげた文章をみずから添削し、推敲すること」（同頁）である。これが一番むずかしいかもしれない。なぜなら、ひとは他人のことはすぐ目につくが、自分自身を客観的に見ることが一番むずかしいからだ。しかし、幸いなことに、書いたものにはおのずと自分の心の姿が映し出されているので、それを読み直して丁寧に検討していけば、著者の言う添削・推敲は不可能ではないだろう。

本書では、宇野千代、水上勉といった作家や、米原万里、五木寛之といったエッセイストなどの巧みな文章をふんだんに引用して、いい文章を書くための秘訣が明快に示してある。文章を書くトレーニングに大いに役立つこと間違いなしだ。

『よく生きることはよく書くこと――ジャーナリスト千本健一郎の文章教室1985－2015――』（静人舎、二〇二二年）は、朝日カルチャーセンターで三〇年間にわたって文章指導を続けた千本健一郎が遺した文章をまとめたものである。千本は、毎年四期開催された講座の期末ごとの文集に自分のエッセイを寄せた。題材は、映画、文学、戦争、強制収容所、ホロコースト、ジェノサイド、差別、冤罪事件、知人、肉親、自身の失敗談など多岐にわたり、全部で九九篇が集められている。なかでも過去の歴史的な事実を徹底的に深く掘り下げ、偏見をしりぞけ、考えに考え抜き、明快な文章にまとめあげていくとき、筆者の筆は冴えを見せる。たとえば、「気になる夏」（一九九四年）は、過去の歴史を顧みるときに生じがちな自国中心主義的な見方を厳しく諌める一文である。「灰色の領域」(二〇〇三年)は、アウシュヴィッツやホロコーストについての紋切り型の理解を粉々に打ち砕くアメリカ映画「灰の記憶」を取りあげて、現実に起きたことの細部に踏みこんで考えることの大切さを強調している。「映画とサッカーの効用――アフリカへの接近――」(二〇〇六年)では、千本は、南アフリカ、英、伊合作の『ホテル・ルワンダ』を見た後の思いをこうしるしている。「この事実をもとにした劇映画に接して、これだけの大事に対する、日本とアフリカとの隔たり以上の、無知と無関心に起因する隔絶感ともいうものを思い知らされた。それが衝撃だった。それで精一杯だった」(359頁)。そのほかにも、他国の現実を詳しく知ろうとせず、怠惰な思考に甘んじている筆者を鞭打つような、ずしんと響くエッセイがいっぱいつまっている。

しかし、重いエッセイばかりではない。「文はひとなり」というが、練りあげられた名文の数々には、千本というひとの思考のしなやかさが反映したものも少なくない。主題に応じて筆峰は厳しく、容赦ないものとなるが、身辺の話になると、飄々として、ユーモアも交えた暖かい文章が心に響く。「編者より」のなかで、馬場先智明は、「どの話題についても、『ものごとの深みに触れ、考えるべきことを考え、耳をすます』という姿勢で貫かれています」(3頁)と述べている。

本書のタイトルは「よく生きることはよく書くこと」である。千本にとって、両者は切り離せない。第一回のエッセイ「由来記」(一九八七年)のなかでこう述べられている。「わたしは講義のしょっぱなに、文章の基本は自分の言いたいこと、つまり用件をもれなく的確に伝えることだ、と話した。よく生きることがよく書くことにつながるとも述べた」(16頁)。たくさんの本を読み、深く考え、考えたことを書くこと、よい文章が書けるようになるためには、それしかない。

宗教や、哲学、倫理学などの分野では、しばしば、「よく生きること」が望ましいと語られる。「よく」という平凡なひらがなには、「善く、良く、好く」という意味がこめられている。ヘラクレイトスやデモクリトスをはじめとするソクラテス以前の哲学者たちは、周囲のひとびとの言動を覚めた目で見つめ、ひとびとがともすれば悪へと傾き、好ましくない生き方をするのを苦々しく思っていた。だからこそ、よく生きることにこだわったのである。ソクラテスも同様だ。自分や他のひとびとの過ちや悪を見続けていた千本も、そのこだわりをもって生きた。

「文章教室と本」(一九九〇年)では、「よく書こうとするものは、よく読まなければならない」(23頁)と確信する著者が、おもしろいもの、わかりやすいもの、文章のいいもの、同時代をビンビン感じとれるものという選択基準のもとで、五一冊の本を紹介している。いくつか紹介しておこう。とっつきにくい本もあるが、読めば確実に世界が広がる。広津和郎『松川裁判』上・中・下(中公文庫)、佐和隆光『経済学とは何だろうか』(岩波新書)、加藤周一『羊の歌——わが回想——』(岩波新書)、石牟礼道子『苦界浄土』(講談社文庫)、加賀乙彦『死刑囚の記録』(中公新書)、澤地久枝『昭和史のおんな』(文春文庫)、開高健『もっと遠く!』(文春文庫)、長田弘『私の二十世紀書店』(中公新書)(23~26頁参照)。

「講師が推薦する二十冊」（一九九四年）では、読売新聞編集局編『20世紀のドラマ・現代史再訪 1～3』（東京書籍）、柳田國男『明治大正史・世相篇』（講談社学術文庫）、大庭みな子『津田梅子』（朝日文芸文庫）、阿刀田高『新約聖書を知っていますか』（新潮社）、芳賀矢一、杉谷代水編『作文講和及び文範』（講談社学術文庫）などが紹介されている（72～73頁参照）。過去に起きたこと、現に起きていることとの真実に迫るためには、本を浴びるように読まなければならないと確信する千本のおすすめの本たちである。

著者は、デッドライン（一九九七年）では、先達からのすすめをこうまとめている。「少しでもいいものを書こうと思ったら、目の前の原稿のことだけ考えていてはいかん。次の原稿、先ざきのものに、より魅力的な材料を盛りこもうとしたら、一人でも多くの人と話せ。酒もたしなめ。一冊でも多く本を読め。一本でも多く映画を見ろ、芝居にしたしめ。絵をながめ、彫刻にも近づけ。音楽で耳を肥やせ。旅をして数かずの未知に触れるがいい」（150頁）。さまざまな分野に好奇心をもち、情熱的に迫っていくパワーこそがいのちであり、それが自分をつくり、いい文章を書く肥やしとなるということだ。肥沃な土壌は、植物にもひとにも欠かせないのだ。

「水上さんと文章教室」（二〇〇四年）では、「人はなぜ文章を書くのか」というテーマで講演した水上の発言が再録されている。「体験をいい文章に転化する力、知恵、方法についてうかがいたい」（319頁）、と問われて、水上はこう答えている。「そんなこと、ぼたもちのようには買えんよ。でも皆さんは文章をやろうっちゅうことで苦を平等に味わい始めた。文章を考えようなんて苦界を自分で作ったんだから、しんどいよ。覚悟はいいか、ですよ」(320頁)。「人生のあらゆるこまを、事件を、感情を書いていく。そういう自由な世界でもあるんだ、文章書くいうのは。人間なら数珠を一つ持てると思うから、そういうものを生み出すんだ。そんなのは自分で作るんだから、自分で磨きをかけるんだから、私に教えてほしいというもんじゃなかろう」(傍点著者)(同頁)。いい文章を書くための基本や注意事項は、ひとから教えてもらうことができる。しかし、それに注意すれば、いい文章が書けるわけではない。水上の言うように、自分で自分に磨きをかけるという孤独でしんどい作業を続けなければならない。水上はそれを苦界に生きると表現しているのだ。そのうえで、聴講者にその覚悟を問うている。

「それぞれの九十代」(二〇〇七年)では、音楽評論家の吉田秀和の発言が引いてある。「人間は愚かで、とかく理に反することをする。私たちは毎日それを知らされる。モーツアルトはそういう人間と世界を土台に、天使が微笑み、泣き、歌うような音楽を書いたのだった」(380頁)。ユダヤ教の戒律「なんじ殺すなかれ」は、人間同士の殺し合いが続く世界の証である。イエスは、人間の憎悪には歯止めが利かないことを知りつつ、「なんじの隣人を愛しなさい」と説いた。

「私たちは何のために読む力をもち、書く技を磨こうとしているのか」(484頁)。この問いの答えは、本書に示されている。本書を読み、本書ですすめられている本の一冊でも二冊でも読めば、「よく生きること」と「よく読み、よく書くこと」への手がかりが得られるかもしれない。

4月 5月 6月

3月 7月

2月 8月

9月

キキョウ

永遠の愛

1月

12月 11月 10月

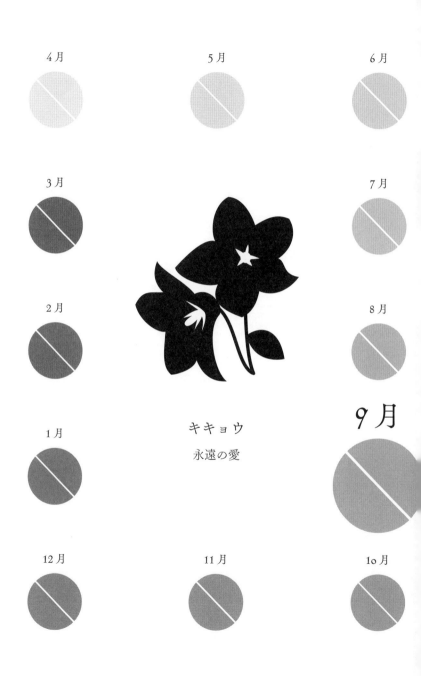

9月1日

詩と真実

——ヴィスワヴァ・シンボルスカの詩——

ヴィスワヴァ・シンボルスカの『終わりと始まり』（沼野充義訳、未知谷、二〇〇二年）には、ごくありふれたことばで書かれていて、あまり引っかかることもなく読んでしまいがちな詩が一八篇集められている。しかし、じっくりとことばの意味をさぐっていくと、人間の生活、生き物のいのち、時代の潮流などについて幾度も考えさせられる詩ばかりだ。

シンボルスカは、一九三二年に、ポーランド西部の小さな町に生まれた。クラクフのヤギェウォ大学で学び、一九四五年に詩人としてデビューした。スターリン時代には社会主義リアリズム路線に従った詩を書くこともあったが、その後、自分のことばで表現する詩人として、つつましくひっそりと生きた。二〇一二年にクラクフの自宅で八八歳の生涯を閉じた。

やさしいことばで深い真実を語る彼女の詩は一九八〇年代頃から急速に評価が高まり、一九九六年にノーベル文学賞を受賞した。訳者によれば、受賞を知らされたときの最初のコメントは、「『とても嬉しいけれど、私が一番大事にしている静かな生活が乱されるのが怖くて……』」（107頁）というものだったらしい。

彼女は、「ノーベル文学賞記念講演――この驚くべき世界で――」でこう述べている。「今世紀の初めのことですが、詩人たちは風変わりな服装や突飛な振る舞いで人にショックを与えることを好みました。しかし、それはつねに公衆を意識した見せ物だったにすぎません。詩人がドアを閉めて部屋に閉じこもり、マントも、飾りも、その他の詩的アクセサリーもいっさいかなぐり捨てて、静かに、自分自身を待ちながら、まだ何も書かれていない紙切れに向かい合う――そういった瞬間は何度もあったはずです。これだけが、結局、本当に大切なことなのですから」(94頁)。「自分自身を待ちながら」、これがキーワードだ。白紙になにが書かれるのか、あらかじめ分かっているわけではない。ことばがどこからかやってくるのをじっと待つ。それは、自分自身を待つこと、自分にやってくるものを待つことだ。

詩はインスピレーションを受けて書かれる。しかし、インスピレーションとはなにか。そう聞かれれば、「曖昧で言い逃れのような答」(96頁)しか言えないと彼女は言う。「自分でもわかっていないものを人に説明するなんて、簡単にできるものではないでしょう」(同頁)。「インスピレーションとは、それが実際に何であれ、不断の『わたしは知らない』から生まれてくる」(97頁)。

ところが、彼女によれば、日々の糧を得るために働くひとも、残忍な悪党も、独裁者、狂信者、煽動家なども、「知っている」ひとだ(97〜98頁参照)。「彼らは知っているから、自分の知っていることだけで永遠に満ち足りてしまう。彼らはそれ以上、何にも興味をもちません。（中略）どんな知識も、自分のなかから新たな疑問を生みださなければ、すぐに死んだものになり、生命を保つのに好都合な温度を失ってしまいます。最近の、そして現代の歴史を見ればよくわかるように、極端な場合にはそういった知識は社会にとって致命的に危険なものにさえなり得るのです」（98頁）。

だからこそ、「私は知らない」ということばを大事にしたいと、彼女は言う。それは小さくとも、強力な翼をもち、わたしたちの生を拡張してくれるからだ（98頁参照）。それは、「私は知っている」という不遜な自信を打ち砕くのだ。

「わたしたちは個々の存在の苦痛に対して、つまり、人間や、獣や、そしてひょっとしたら植物の苦痛に対してまでも――というのも、いったい植物が苦痛を感じないなどと確信を持って言えるものでしょうか――世界が無関心であることにひどく落胆させられます」（101頁）。彼女によれば、世界は「驚くべきもの」（102頁）であり、私たちが慣れ親しんでいる世界に自明なものなどなにひとつないのだ。

「一語一語の重みが量られる詩の言葉では、もはや平凡なもの、普通のものなど何もありません。どんな石だって、その上に浮かぶどんな雲だって、どんな昼であっても、その後に来るどんな夜であっても、そして、とりわけ、この世界の中に存在するということ、誰のものでもないその存在も。そのどれ一つを取っても、普通ではないのです」（103頁）。あたりまえに思えることが、実はあたりまえのことではなくて、奇蹟の連続なのだ。フランスの哲学者のジャンケレヴィッチは、『死とは何か』（原章二訳、青弓社、一九九五年）のなかで、「私の人生やあなたの人生、私たちがいま、この瞬間にここにいるということが、よくよく考えてみれば、とても不思議なことだということです」（50頁）と述べた。いまの瞬間は、過去と結びつき、この先へと刻々と移ろい、変性しており、二度と同じ在り方をしない。まさに不可思議な一期一会の出来事なのだ。しかし、不思議なのは私やあなたの人生だけではない。彼女が言うように、石や雲、昼や夜がいま存在していること、誰のものでもないものが存在しているということ、そのことも驚くべき神秘なのだ。そこには、私が知らないたくさんのことが秘められている。それらとずっと向き合っていくことが詩人の仕事になるのだ。

「詩の好きな人もいる」という詩を引用してみよう。

そういう人もいる
つまり、みんなではない
みんなの中の大多数ではなく、むしろ少数派
むりやりそれを押しつける学校や
それを書くご当人は勘定に入れなければ

そういう人はたぶん、千人に二人くらい
好きといっても——
人はヌードル・スープも好きだし
お世辞や空色も好きだし
古いスカーフも好きだし
我を張ることも好きだし
犬をなでることも好きだ

詩が好きといっても——
詩とはいったい何だろう
その問いに対して出されてきた
答えはもう一つや二つではない
でもわたしは分からないし、分からないということにつかまっている
分からないということが命綱であるかのように（16〜17頁）

先に述べた、「私は知らない」ということの詩的な宣言だ。詩人の谷川俊太郎は、『詩ってなんだろ

う』（ちくま文庫、二〇二二年［九刷］）のなかで、「詩をよむと、こころがひろがる。詩を声にだすと、からだがよろこぶ。うみややま、ゆうやけやほしぞら、詩はいいけしきのうように、わたしたちにいきるちからをあたえてくれる、ふしぎなもの」（171～172頁）と詩のもたらす効果を語った後、「詩ってなんだろう、というといかけにこたえたひとは、せかいじゅうにまだひとりもいない」（172頁）と述べた。おそらく、インスピレーションの由来が定かではないからだ。

「もらい物は何もない」というもうひとつの詩を引用する。

もらい物は何もない、すべては借り物
借金で首が回らないほどだ
自分の代金を
自分の身で支払い
命の支払いに命を投げ出すことになるだろう
もうそういうことになっていて
心臓も返さなければならないし
肝臓も返さなければならない

指だって一本一本どれもこれも

契約の条件を破棄するにはもう遅すぎる
借金はわたしから身ぐるみ
それこそ皮ごと取り立てられるだろう

借りを背負った他の人たちの群にまぎれて
わたしは世界中を歩き回る
翼の返却を迫られて
困っている人もいれば
葉っぱの清算をいやおうなしに
しなければならない人もいる

借方には、わたしたちの体の
すべての組織が含まれている
まつげ一本、茎一本といえども
返さずに持っているわけにはいかない

貸借対照表は正確で、何も見逃さない
どうやらわたしたちは
無一文で取り残されることになりそうだ

ただ、どうしても思い出せない
いつ、どこで、何のために
わざわざこんな金勘定の口座を
開くことになったのか

それに対する抗議を
人は魂と呼ぶ
そして、この魂だけが
貸借表に載っていないただ一つのもの（75〜78頁）

私たちは、裸で生まれて、裸で死んでいかなければならない。その間のつかの間の生は借り物によって支えられている。自分のものだと思っているものは、すべて返して去っていかなければならない。だが、返すことのできない魂だけがこの顛末を見つめているのだ。魂の存在という個々の人間の比類ない側面を照射する詩だ。

つかだみちこの『シンボルスカの引き出し――ポーランド文化と文学の話――』（港の人、二〇一七年）は、ポーランド文学に造詣が深い翻訳者による案内書である。「Ⅰ　シンボルスカ」、「Ⅱ　ポーランド三十景」、「Ⅲ　ポーランド文化と文学の話」の三部構成である。

Ⅰでは、遺稿詩集『それで充分』（二〇一一年）から、「こんな人々」という詩が引用されている。

なんでもなく日常生活をこなしている人々がいる
すべてそれなりのやり方があり
正当な考えを持っている

すぐにそれがどうで、だれがどうして
だれが一緒で　どんな目的で
どちらの方向へいくのか
すべてお見通し

ひとつの真実のために印鑑を押し

不要なものはシュレッダーにかけ
すみやかに廃棄する
未知の人は最初から整理棚に始末してしまう
そんな人たちは何に価値があるかいつも考えている
どんな時でも抜け目なく
何故ならそんな瞬間にも何らかの問題は潜んでいるのだから
時に、こんな人々を羨ましく思うこともあった
しかし幸いにも、そんなことはもう卒業してしまっている（11〜12頁）

存在することの神秘に驚き、「私は分からない」と意識しながら、少しでも分かろうとする姿勢を貫いて生きた詩人の、平凡な群れからの自立を宣言する詩だ。

本書のⅠには、シンボルスカの詩や視点、死などについての見逃せない記述が豊富である。ⅡとⅢでは、ポーランドという国の断片や、文化と文学の話が満載である。興味あるひとには欠かせないものだ。

9月2

詩と哲学の二重奏

――ふたりの詩人とひとりの哲学者――

谷川俊太郎・長谷川宏『魂のみなもとへ――詩と哲学のデュオ――』（近代出版、二〇〇一年）は、谷川の詩と、それに触発されて書いた長谷川の散文を対比させた本である。「生と老と死」を意味のある、内容豊かなものとして考えたいと願うひとりの編集者が、谷川の詩につける文章を長谷川に依頼したことからこの本の企画が始まった。「つける」という作業について、長谷川はこう述べる。「対象とは異質な自分を打ち立てるのが批評だとすれば、『つける』は対象の色に染まりつつ自分を打ち出す試みなのだ」（200頁）。「つける」ためには、批評とは異なる、対象との微妙な間の取り方が不可欠だという。長谷川によれば、品がよく、遊びが多く、軽やか、というのが谷川の詩という対象の色だ（同頁参照）。「その色になかば染まりながら自分の思考を重ねていくことは、新鮮で張りのある経験だった」（同頁）。谷川の詩に深く共感した長谷川は、共感の由来や理由を反省し、再考を重ね、文章を刻んだ。こうして長谷川は、谷川の詩に強く影響を受けながら、自分にしか書けない散文を形にした。一九五二年から二〇〇〇年の間に書かれた詩のなかから、全部で三〇篇の詩が選ばれている。

本書には「詩と文学のデュオ」という副題がついているが、詩人と哲学者が相互に相手を意識して二重奏を奏でているわけではない。谷川が多年にわたって書いてきた詩を題材にして、編集者から依頼された長谷川が思索を紡ぐという一方的な形であり、がっぷり四つに組んでいるわけではない。長谷川の言わば片思いの本だ。その稀有な試みを肯定的に評価する読者もいれば、両者の双方向的な絡み合いの欠如に物足りなさを感じて、不満を感じる読者もいるだろう。詩だけで十分だろうと意地の悪い見方をするひともいるかもしれない。

谷川は、やさしいことばで、われわれが見逃している日常の断面を鋭く抉り出す。谷川は、「はじめに」の結びでこう述べる。「日常のうちに生きながら、日常を超えたなにものかに向かおうとするところに、哲学者と詩人の接点がある。それを他者に伝えるのに、難解な哲学用語や詩語は必ずしも必要ではないと私は思う。魂のみなもとを探ろうとする心はどんな人間にもあるのだから」(5頁)。魂のみなもとはどこにあるのだろうか。それをさぐるためには、人間と世界、身体と宇宙、生命と歴史、環境と自然、記憶と想像、あなたと私など、あらゆる領域に踏みこんでいき、日々の生活のなかで直接には見えないもの、日常を超えたものに向かっていかなければならない。そうした試みが本書の詩に結実している。

谷川の詩に染まりながら、長谷川はどのように自分を打ち出しているのか。まず、「忘れること」という詩を引用してみよう。

どうしても忘れてしまう
いま目の前にある楓の葉の挑むような赤
それをみつめているきみの
ここにはない何かを探しているような表情
きみもまたきっと忘れているのだ
結局は細部でしかないこの世の一刻一刻を
そして憶えていることと言えばただひとつ
自分が生まれていつかは死ぬという事実
それが幼い子どもが初めて描いたクレヨンの一本の線のように
ゆがんで曲がってかすれて途切れ……

だがどうして忘れてしまってはいけないのか
倦きることと忘れることのあのあえかな快楽が
朝の光をこんなにもいきいきとさせているのではないか

どうしても忘れてしまう
記憶だけが人間をつくっているのだということさえ

だからきっと人間は本当は歴史のうちに生きてはいないのだ
限りない流血も人を賢くしない
そして忘れ去ったものがゴミのように澱んでいる場所でしか
きみもぼくも話し始めることが出来ない（50〜51頁）

日常生活は平凡なこと、細かなことの連続だが、そのほとんどは忘れ去られてしまう。ありふれたことは言うまでもなく、重要なことでさえも忘却の淵に沈んでいく。大切なことを憶えておけないこと、忘れることがもたらす痛みを見つめた詩だ。

この詩に対して、長谷川は「忘却と記憶」と題する哲学的な散文をつけている。「記憶と忘却は、わたしの過去と現在とを結ぶ精神の絆であって、わたしがどう生きてきたか、いまどう生きているか、これからどう生きようとしているか、という、わたしの生き方と密接不可分の関係にある心の働きだ」（53頁）。長谷川は、三〇年前の全共闘運動体験がいまも生々しく蘇ってくると言う。「全共闘体験とわたしのいまとの結びつきの強さが、記憶を忘却へと追いやらないし、記憶を古びさせないのだ。（中略）わたしの現在の意識は過去の体験とのつながりをもち、そのつながりが、忘却の淵に沈んでいるであろう多くの事実を背景として、その前面に、特定の事実をなまなましい記憶として呼びだすのだ」

（54頁）。他方で、長谷川は、なにかを完全に忘れることも、完全に覚えることもできないし、どんなに大切なことやつまらない事柄もいつか忘れられ、いつか思い出される。忘れられたものが思い出され、それがまた忘れられるとも言う（55頁参照）。「記憶と忘却は、精神の内面に位置するものでありながら、そんなにも気ままなものだ」（同頁）というのが長谷川の見方だ。

谷川は、「忘れること」の多様な側面をつなげて一篇の詩をつくっている。忘れることもあれば、忘れられないこともある。思い出せることもあれば、思い出せないこともある。しかし、いずれは忘れさられる。忘れることのできる「快楽」にもそっと触れながら、「わすれること」の経験の断面を、あざやかに切り取った詩だ。

長谷川は、過去の自分の体験へと降りていきながら、記憶と忘却の結びつきを振り返っている。長谷川の心象風景のなかで揺れ動く両者の絡み合いが表現されている。谷川は、懐が深く、広い世界に通じる忘却の詩をうたい、長谷川は、忘却を自己の内面の世界にとどめている。

本書を手引きにして詩と散文を往還するなかで、人間や自然、世界についての思索が深まってくるだろう。

茨木のり子・長谷川宏『思索の淵で――詩と哲学のデュオ――』（近代出版、二〇〇六年）は、『詩と哲学のデュオ』の第二弾である。一九五五年から一九九九年の間に書かれた、全部で二八篇の詩に散文がつけられている。

長谷川は、「おわりに」で、こう述べている。「茨木のり子の詩は、ことばの響きがやや硬質で、言いたいことがすっきりとおもてに出ているものが多い。それに耳を傾けつつ、そこから自分の思索をどう紡ぎだしていくか、それが課題だった」（202頁）。しかし、その後、茨木の主張と自分の思索の同質性に気づいて、思索が広がらなくなり、行きづまった。そこで、詩と距離を取って、音の響きを無心に追いかけたり、音読したり、読む速度に変化をつけたりして、ようやく再出発できたという（203～204頁参照）。「茨木のり子の詩の世界に入りこみ、思いをなかば共有しつつ、自分なりの思索を展開できる、という自信らしきものが生まれてきた。後半の十数篇はその自信を支えになんとか書きすすむことができた」（204頁）。長谷川はこうも述べている。「詩と散文のつらなりのうちに、思考のぶつかり合いと響き合いを感じてもらえるとうれしい」（204頁）。

長谷川と面識のなかった茨木は、「はじめに」の結びでこう述べている。「思索という言葉からは、なにやら深遠なものを想像しがちだが、たとえば女のひとが、食卓に頬杖をついて、ぼんやり考えごとをしているなかにも、思索は含まれると思うほうである」（5頁）。思索を堅苦しく考えず、平凡な日常生活のなかで起きる些細な出来事のなかに位置づけようとするひとのことばだ。

茨木の「さくら」という詩と、それにつけられた長谷川の散文との間には、長谷川の言うある種の

「響き合い」が感じられる。その詩を引用してみよう。

ことしも生きて
さくらを見ています
ひとは生涯に
何回ぐらいさくらをみるのかしら
ものごころつくのが十歳ぐらいなら
どんなに多くても七十回ぐらい
三十回、四十回のひともざら
なんという少なさだろう
もっともっと多くを見るような気がするのは
祖先の視覚も
まぎれこみ重なりあい霞だつせいでしょう
あでやかとも妖しとも不気味とも
捉えかねる花のいろ
さくらふぶきの下を　ふららと歩けば

一瞬
名僧のごとくにわかるのです
死こそ常態
生はいとしき蜃気楼と（64～65頁）

咲き始めた花に誘われて歩いていると、花の終わりが予感される。間もなく満開の時を迎える桜は、一夜の雨風で桜吹雪となって散っていく。あでやかにも、妖しくも、不気味にも見える桜の花は一瞬、人間のいのちもつかの間の蜃気楼。そのことが分かっているからだろう。誰もが桜の花との短い出会いに、須臾の生を重ね合わせて、移りゆく時を惜しむのだ。

桜の花を見るのは、私だけではない。茨木が言うように、すでにいない「祖先の視覚」も入りこんでいる。祖先が生まれる前の歴史も刻みこまれている。現在の知覚は、全過去の凝縮体として実現される。目の前の桜との邂逅には、悠久の時の流れが合流しているのだ。

長谷川は、この詩に対して、「桜三題」と題した散文をつけている。長谷川の目には、この詩で茨木が、「桜を自分の手元に引き寄せるのではなく、自分が桜のほうへと出ていって桜の世界に溶け入ろうとしている」（66頁）と映る。長谷川は、「読むうちに、わたしも桜のほうに出ていきたくなった」

（同頁）として、茨木の「さくら」に誘われるように、三題話（西行の歌、坂口安吾の小説、法隆寺夢殿の枝垂れ桜）へと筆を運んでいる。長谷川は、「叙景の美しさより作者の素直な心の動きの見てとれるのが西行歌の魅力だ」（67頁）と評して、「吉野山こずゑの花を見し日より心は身にもそはず成にき」、「ねがはくは花のしたにて春死なんそのきさらぎの望月の頃」、「春風の花を散らすと見る夢はさめても胸のさわぐなりけり」他、三歌を引用している。

「桜の森の満開の下」という坂口の小説は、「妖しいまでに濃厚に咲く桜」（68頁）と、男女のおどろおどろしい情念の葛藤を重ね描いた傑作だ。梶井基次郎の「桜の樹の下には屍体が埋まっている」という有名なフレーズに刺激されて書かれた。この文章は、一度聞いたが最後、その映像を喚起してやまない。

長谷川が毎年目にする法隆寺の枝垂れ桜は、木のない中庭に一本だけたたずんでいる（69頁参照）。吉野山の千本桜も見事だが、悠久の時の重みに耐えるかのように枝を大きくしならせる孤独な桜の姿は長谷川の心を強くとらえる。

彼らだけではない。われわれにもひとりひとりに特別な桜があり、その桜をめぐる思い出がある。茨木の詩と長谷川の散文は、あらためてそうしたことを思い起こさせるきっかけとなってくれる。

感情のゆれや、抒情的なこころの動きを自由自在に詠う詩と、論理性を重視する哲学とは相容れないように見える。しかし、両者は、表現形式は違っていても、同じ事柄に向き合っている場合も少なくない。本書のタイトルの一部となっている「魂」は、古来、哲学の重要なテーマであり、ペトラルカやゲーテをはじめとする詩人のテーマでもあった。

ふとした瞬間をやわらかいことばで掬い取る詩が哲学的思索の起点となり、あたらしい軌跡を描き始める。それはまさしくデュオと呼ぶにふさわしい営為なのだろう。

4月　5月　6月

3月　7月

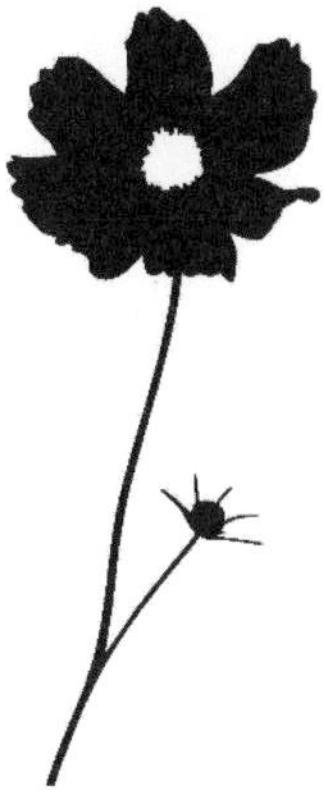

2月　8月

1月　9月

コスモス

調和

10月

12月　11月

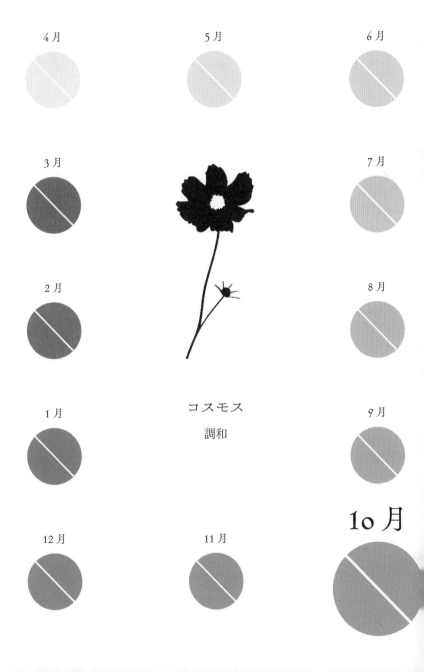

10月1

人間とは何か
――マーク・トゥエインとボーヴォワール――

「人間とは何か」という問いは、古くてあたらしい。その問いをめぐって、多種多様な人間論が書かれている。今回は、そのなかから、マーク・トゥエインとボーヴォワールの見方に焦点をあててみよう。

マーク・トゥエイン（一八三五～一九一〇）は、米国中部のミズーリ州の名もない開拓村に生まれた。一八八〇年代には、『トム＝ソーヤーの冒険』（一八七六）、『ハックルベリー＝フィンの冒険』（イギリス版一八八四、アメリカ版一八八五）などの誰もが知る少年向けのやさしい読み物の体裁を借りながら、そこに文明と自然の対立、人種問題、人間の成長といった重要なテーマを盛りこんだ。ヘミングウェイは、すべての現代アメリカ文学は、『ハックルベリー＝フィンの冒険』に由来すると述べた。マーク・トゥエインは、今日でも、詩人のホイットマンと並んで、もっともアメリカ的な作家として高く評価されている。

マーク・トゥエインは、一八九〇年代には、新案特許への無謀な投資の失敗で莫大な借金を背負い、さらには、長女を脳膜炎で亡くし、末娘は癲癇発作に苦しみ、妻も重病に罹るなど、家族の不幸も重なった。その結果、次第に厭世的な考えに陥り、人間不信も高じて、暗鬱なペシミズムへと傾斜していく。その理由を外的要因のほかに、生得的とも言える内在因説に求める見方もある。

このようなマーク・トゥエインの作家としての軌跡は、『我輩は猫である』という初期のユーモア小説から出発して、後年には『こころ』、『明暗』といった深刻な小説を書き始めた夏目漱石を思い起こさせる。ふたりとも、晩年には、初期とは対照的な世界を描いた。

一九〇六年に書かれたのが『人間とは何か』（中野好夫訳、一九九一年〔第二七刷〕）である。人間の自由意志を否定し、人間も機械と変わるところはないと断じた、きわめて悲観的な色彩の強い対話編である。原稿を見た病妻と娘は激しいショックを受けた。原稿は妻の死後に活字になったが、一般公刊は見送られ、二五〇部の私家版のみが匿名で出版された。作者の死後、一九一七年になってようやく公刊された。

本書は、1．人間即機械・人間の価値、2．人間唯一の衝動――みずからの裁可を求めること――、3．その例証、4．訓練、教育、5．再説人間機械論、6．本能と思想、結論からなる。人間は自由ではない、機械に過ぎないのだと主張する老人と、それに反対する青年との間の対話という体裁をとっている。自分の人間としてのプライドを傷つけられた青年が老人に必死にあらがっている。

「1．人間即機械・人間の価値」のなかから、老人の見解が明示された箇所を引用してみよう。「人間即機械——人間もまた非人格的な機関に過ぎん。人間が何かってことは、すべてそのつくりと、そしてまた、遺伝性、生息地、交際関係等々、その上に齎らされる外的力の結果なんだな。つまり、外的諸力によって動かされ、導かれ、そして強制的に左右されるわけだよ——完全にね。みずから創り出すものなんて、なんにもない。考えること一つにしてからだな」（傍点著者）（13頁）。老人によれば、われわれは、思考も含めて、すべて外部からの力によって動かされてするにすぎない。自主的な思考の可能性を信じるひとは、「自分でよく考えて行動しなさい、思慮分別こそが肝心だ」と説くが、老人は正反対の意見を述べる。老人によれば、思考とは、無数の書物や会話、祖先たちの心や頭脳から流れ出して、われわれの頭脳に注ぎこまれたガラクタの集積にすぎない（13頁参照）。それらをまとめあげるのは、われわれが自分でつくりあげたものではない、心という機械の働きなのである（14頁参照）。「人間の頭ってものは、なに一つとして新しいものなんか考え出せるもんじゃない、そんな風にできてるんだよ。外から獲た材料を利用するだけの話なんで、要するに機械にすぎないんだよ。ただ自動機械みたいに運転するだけなんで、意志の力で動いたりするんじゃない。自分で自分を支配する力なんか、もちろんないし、その所有者にだって命令する力はない」（傍点著者）（17頁）。意志の力と自由、主体的な選択の可能性を信じるひとには、極端な暴論としか見えないだろう。

「2．人間唯一の衝動」では、老人は、われわれの行動の根底に潜むものについてこう語る。「揺籃から墓場まで、人間って奴の行動ってのは、終始一貫、絶対にこの唯一最大の動機——すなわち、まず自分自身の安心感、心の慰めを求めるという以外には、絶対にありえんのだな」（傍点著者）（29頁）。老人によれば、他人のために自分を犠牲にしたり、他人に献身的につくしたりする人間の行動は、自己満足のためになされているにすぎない。

夏目漱石は、人間にとって根が深いエゴイズムの問題に取り組み、晩年には、我執の道との訣別を「則天去私」ということばにこめた。老人は、人間がエゴイスト以外のなにものでもないという見方に固執している。

「3．その例証」では、「外からの影響」（71頁）の一例として人間関係が話題になっている。老人はこう語る。「生れてから死ぬまで、人間ってものは、醒めてるかぎり、たえずなんらかの教育を受けてるわけだよ。そしてその教育者の中でも第一番は、いわゆる人間関係って奴だな。彼の心、感情を形成し、理想をあたえ、そしてある人生軌道に向かって旅立たせ、またそれをちゃんと守らせるのは、一にかかってその人間的環境さ」（傍点著者）（同頁）。老人によれば、われわれの心、感情、理想、好悪、政治意識、趣味、道徳、信仰などは周囲からの影響によって形成されるものであり、自分で作り出すものではない（同頁参照）。われわれは、環境の色に応じて姿が変わるカメレオン的な存在なのである。老人は、環境から影響されるという受身の側面のみを一方的に強調し、環境に影響をおよぼしていくという能動的、主体的な側面など存在しないと考えている。

「5．再説人間機械論」は人間機械論の再登場だ。心は自動機械のようなもので、コントロールなんて無理だという主張が繰り返される。老人は言う。「心って奴はな、人間からは独立してるんだよ。心を支配するなんて、そんなことのできるはずがない。心って奴は、自分の好き勝手で自由に動くものなんだな。君たちの意向などお構いなしに、なにを考えつくかわからんし、また君たちの考えなどお構えなしに考えつづけることもする。そのかわりには、投げ出すのもまた勝手だな」（106頁）。「心って奴はあくまでも機械、完全に独立した自動機械なんだ」（111頁）。自由に動く心はわれわれから独立した存在だという主張だ。夢も心が自由に生み出す働きの例として持ち出されている。たしかに、われわれが眠っている間に、心は自由自在に夢の世界を繰り広げる。夢は心の自動織物なのだ。モームの見方には一理ある。

「6．本能と思想」では、人間の自由意志を、「欲することを実行する際に、一切拘束を受けないこと」と定義するならば、そんなものは存在しないと老人は断言する（145頁参照）。人間には心の作用によって起こる自由選択のみが存在するのであり、この選択は「機械としての心」がわれわれに促してくるものである。われわれは、心に隷属する存在にすぎないというわけだ。

結論で、「あなたは人間を機械にしちまいましたよ」（167頁）と反論する青年に対して、老人は、人間の手や体内の血液の流れ、心の作用などはすべて神の創り出したものだと述べる（167〜168頁参照）。宗教的な決定論がおちとなっている。三角形の内角の和が一八〇度であることは決定しているように、人間の行動も決定しており、人間は自由ではないと見なしたスピノザとの類縁性が見られる。「すべては神の御心のままだ」とすれば、人間の自由や責任の問題は消えてしまう。しかし、法が支配し、裁判で罪と罰が決まる人間社会において、われわれは犯罪を神のせいにしてすますことはできない。一九一六年に出版された『不思議な少年』（中野好夫訳、岩波文庫〔改版第一版〕、一九九九年）は、生前のトゥエインが三度までも書き直し、結局未完に終わった小説原稿の編集版である。トゥエインが陥ったペシミスティックな考えが随所に描かれている。

ボーヴォワール（一九〇八～一九八六）の『人間について』（青柳瑞穂訳、新潮文庫、一九五五年）は、三六歳の時に出版されたものである。男性、女性という性差別の問題にはまだ触れられていない。原題は、「ピリュウスとシネアス」である。ピリュウスは、紀元前三世紀のエピロス王、シネアスはその側近の名前である。本書は、両者の対話から始まる。

ボーヴォワールは、ソルボンヌ大学で哲学を学び、高校の哲学の教師になった。一九二九年には、作家、哲学者のサルトルと二年間の契約結婚を結んで、話題になった。その後も二人の関係はサルトルの死まで続いた。『別れの儀式』（人文書院、一九八三年）のなかで、ボーヴォワールはこう述べている。「彼の死は私たちを引離す。私の死は私たちを再び結びつけはしないだろう。そういうものだ。私たち二人の生が、こんなにも長い間共鳴し合えたこと、それだけですでにすばらしいことなのだ」（157頁）。一九四九年に、世界的な反響を呼んだ『第二の性』が出版された。ボーヴォワールは、女性であるとはどういうことか、女性は男性の眼にどう映っているかを理解するためにこの本を書いた。一九六〇年代から始まる第二波フェミニズム運動に強い影響力をおよぼした。

一九七〇年には、『老い』が出版された。本書では、老いるということの生物学的、歴史的、哲学的、社会的な側面が徹底的に考察されている。本書はまた、老人の書いた文章の膨大な引用を通じて、老年期の美しい、あるいは醜い、惨めな姿を浮き彫りにしており、当時としては画期的な老人論である。

これら二冊の成熟した大著と比べれば、『人間について』は、まだ「青い果実」でしかないが、青年ボーヴォワールの考え方が網羅的に展開されている。第一部は、「カンディッドの庭」、「瞬間」、「無限」、「神」、「人間」などからなり、第二部は、「他人」、「献身」、「交流」、「行動」などからなる。「序」にあたる文章のおしまいで、ボーヴォワールは「人間の尺度はなんであるのか」、「人間はどんな目的を立てることができるのか」、「人間にはどのような希望が許されるのか」という問いを立てる（12頁参照）。マーク・トゥエインの語るペシミスティックな人間論では、現在に影響をおよぼす過去が決定的な位置を占めているが、ボーヴォワールは人間を未来との関係で前向きにとらえている。目標や理想を設定し、その実現のために不断の努力を惜しまず、現在の自分を乗り越えていくのが人間にふさわしいというオプティミスティックな考え方だ。

本書では、ボーヴォワールがサルトルと共有した人間観が幾度となく強調されている。サルトルによれば、人間とは、自分自身でそうなろうとするもの以外のなにものでもない。人間は自分で自分を創造していく存在なのである。神があらかじめ私のあり方を決めているのではない。　私は自分のあり方を自由に選択して、責任をもって生きていかなければならない。

ボーヴォワールも同様の考え方をしている。意識する存在としての人間は、机や椅などの事物とは根本的に異なっている。人間は、どの方向をめざし、なにを目的にして生きるかを意識する存在であるが、方向や目的を他人に決めてもらうわけにはいかない。方向を決めるのは、「ほかの誰でもない、この私である」という主体的な決断と、責任を伴う行動が求められる。病気や難病、怪我などによって意のままに行動できない場合や、戦争などで拘束され、行動の自由が奪われる場合などは考慮されてはいない。

ボーヴォワールは、どこまでも個人の自由を肯定し、意志によって生きる主体を擁護している。さらにまた、意志を通じて不断に自分を乗り越えていくこと（超越）を強調する。「人間の条件は、与えられたものをことごとく追い越すことです」（33頁）。人間は、目的を設定し、希望をもって未来へ向かう存在とも見なされている。「瞬間」のなかでは、こう述べられている。「一つの恋愛を生きることは、その恋愛を横ぎって、新しい目的―家庭、仕事、共通の未来―に向かって身を投げることです。人間が企てである以上、人間の幸福は、人間の快楽と同様、企てでしかありえません」（34頁）。企てるとは、私が特定の目的をめざして、自発的に動くということである。

ボーヴォワールにとって、私の行為は、完全に私に属する唯一の現実である。私は、私のすることを、他人から命じられてするのではなく、ただ私の決断にもとづいて行うのである（18頁参照）。しかし、だからといって、私の行為は自己完結しているのではない。私は他者へと超越する存在なのである。「わたくしは一つの物ではなく、わたくしから、他人に向かう一つの計画であり、超越性であるという事実から、わたくしはこの絆を創るのであります」（18頁）。「わたくしは物ではなく、自発性なのです。希望し、愛し、欲望し、行動する自発性なのです」（18〜19頁）。マーク・トゥエインが視野にいれていない「自発性」こそが、ボーヴォワールの思想の鍵語である。

本書では、私と他人との関係について、献身や人間的な交わりなどと関連づけても考察されている。ボーヴォワールは、「私は他者に対してなにをなしうるのか」、「他者は私を救済できるのか」、「私は他者に身を捧げることができるのか」といった具体的な問題を投げかけながら、次から次へと湧きあがる思考を、若さゆえのやや性急な仕方で書きとめている。

今回取りあげた二冊は、「人間とは何か」という問いに、両極とも思える答えを出している。われわれが自分なりにこの問題を考えるときに、これらふたつの座標のどこに自分が位置しているのかをまず考えてみるといいかもしれない。

10月2

サマセット・モームの世界

――「雨」と『サミング・アップ』――

サマセット・モーム（一八七四～一九六五）と言えば、かつては日本でもっともよく読まれた外国人作家のひとりであり、その作品は大学の入試問題や予備校の模擬テストで出題されることも多かった。一九五九年の来日を契機にして、翌年には「日本モーム協会」が設立された。しかし、一九六五年のモームの死を境にモーム・ブームは急速に衰退し、この協会は数年後には活動休止状態となる。二〇〇六年のモーム没後四一年記念講演会をきっかけにして、この協会は復活し、活動を再開した。

モームは一八七四年にパリで生まれた。八歳で母を、一〇歳で父を亡くしたのち、イギリスに住む叔父に引き取られ、カンタベリーのキングズ・スクールに入学するが、フランス語訛りの英語と生来の吃音症のためいじめられ、学校生活は辛いものだったようだ。一六歳のときに叔母の勧めでドイツのハイデルベルクに遊学して、その地でのびのびとした青春の日々を過ごした。作家になる気持ちを抱いて帰国し、一八歳でロンドンの聖トマス病院付属医学校に入学。赤裸々に感情を吐露する患者に接して、人間の内面の諸相や行動を冷静に観察することを学んだ。この時期、文学に目覚め、手当たり次第に本を読み、人生の意義とはなにか、人生には目的があるのか、ひとは人生においていかに行動すべきかといった哲学的な問題について苦しみ悩んだ。

二三歳のときに、長篇『ランベスのライザ』を出版し、好評を得た。医師の免許を取得したものの、処女作の成功によって、文学で身を立てる決心をした。こうして『人間の絆』（一九一五年）、『月と六ペンス』（一九一九年）、「雨」、「赤毛」など六篇を収録した短篇集『木の葉のそよぎ』（一九二一年）、『サミング・アップ』（一九三八年）などの傑作が世に出ることになる。

『雨・赤毛　他一篇』（朱牟田夏雄訳、岩波文庫、一九六二年）におさめられた「雨」は、モームの短篇のなかでも傑作に数えられる。舞台は、長雨の季節を迎えたトゥトゥイラ島（サモア諸島のひとつ）のパゴパゴの安宿である。登場人物は、キリスト教の布教に熱心な宣教師のディヴィッドスン夫妻、医師のマクフェイル夫妻、安宿の家主ホーンと、刑務所行きを逃れて同じ舟で流れてきた売春婦のトムスン、総督などごくわずかであるが、この短篇の陰の主役は「雨」である。その描写をひとつ引用してみよう。「無慈悲な、どこか物すごさのある雨だった。何か、自然の原始的な力が持つ悪意というようなものが感じられた。（中略）まるで天からの洪水という感じで、ナマコ板の屋根に、人を発狂させそうな小やみもない執拗さでバタバタたたきつけた。雨自体が何かに激怒をいだいている感じだった」（40頁）。降り続く豪雨は、徐々に登場人物たちの神経を苛立たせていく。

宣教師のディヴィッドスンは、キリスト教の教義を絶対化し、布教に熱意を注ぐ。島民の気持や土地の風習は考慮せず、おのれの信念をつらぬくことにのみ執念を燃やすエゴイストである。その妻も熱心な宣教師で、島民のキリスト教化に情熱を燃やす一方で、島民たちの生活は蔑視している。医師のマクフェイルは、夫妻の言動を観察し、ふたりの独善と傲慢さを皮肉なまなざしで見つめている。

売春婦のトムスンが二組の夫婦と同じ安宿の部屋に泊まり、蓄音機で騒々しいジャズをかけ、周りをいらだたせる。トムスンを一刻も早く追い出したいディヴィッドスンが、総督にトムスンを島からすぐに退去させるように求め続けた結果、彼女はサンフランシスコ行きの船に乗せられることが決まる。本国に送還されれば投獄されることになるトムスンは、激しく動揺して、泣き叫び、送還の免除を懇願する。ディヴィッドスンは、刑罰を受けてこそ真の回心になると熱心に説得する。何日か泣き続けたあと、トムスンは悔い改めたいと口にする。この一言を聞いて、ディヴィッドスンは言う。「ああ、ありがたい！　ありがたい！　神はわれわれの祈りを聞いて下さったのだ」（63頁）。

この瞬間から、宗教的高揚感に駆られたディヴィッドスンの独走が始まる。「彼は、この哀れな女の心の、隠れた隅々にひそむ、罪の最後の痕跡を、根こそぎに抜きとろうとしていたのだ。彼は彼女とともに聖書を読み、彼女とともに祈った」（66頁）。その一方的な思いこみはこう表現される。「夜のように真黒だった彼女の魂が、今は降り立ての雪のように純白なのだ。私は謙虚な、また恐れる気持になっている。彼女が今までのすべての罪を悔いているその気持は、実に美しい」（同頁）。

マクフェイルは、まだトムスンを本国に送り返したいという気でいるのかと尋ねる。ディヴィッドスンの返答はこうだ。「目のあいていない君にはわからんのだ。罪を犯した彼女は苦しまねばならない。どういうひどい目にあうか、私は知っている。彼女は飢え、折檻され、恥ずかしめも受けるだろう。私は彼女に、人間の手による罰を神へのいけにえとして甘受させたい。喜んでそれを甘受させたい。彼女はわれわれが滅多に与えられない機会を、与えられたのだ。神は親切で慈悲深いのだ」(67頁)。ディヴィッドスンの熱意は妄想に近いものとなる。「終日私は彼女とともに祈り、もどって来るとまた祈る。全力をこめて祈る。それは、イエスが彼女にこの大恩寵をゆるしたもうことを願うからだ。私は彼女の心中に、ぜひ罰を受けたいという切なる願いを植えつけてやりたい」(同頁)。ディヴィッドスンの「いけにえ」になったトムスンは、「奴隷のようにわが意志を失って、彼につきまとった。しきりに泣き、聖書を読み、また祈った。ときにはヘトヘトになり無感情になった」(68頁)。

その後、トムスンは、犯した罪も虚栄心も忘れ去って、自分の部屋でだらしない格好で、泣きながら歩き回るようになる。寝間着を四日も着たままで、靴下もはかず、部屋は散らかり放題というありさまとなる。

雨の描写が、悲劇を予感させるかのように入りこむ。「そういう間にも雨は意地のわるい執拗さで降りつづけた。(中略)雨は、人間の気を狂わせそうな根気よさで、ナマコ板の屋根の上に、まっすぐ大量に降りそそいだ」(同頁)。

だれもが、サンフランシスコ行きの船がシドニーから来る火曜日を待ちわびていた。トムスンは、総督庁の事務員が船中護送する手はずになっていた。マクフェイルが火曜日の明け方にホーンに起こされ、連れて行かれた先で、ディヴィッドスンの死体を発見する。「のどが、耳から耳まで切られて、右手には切るのに用いられた剃刀がまだ握られていた」(71頁)。トムスンのしどけない肉体に誘惑されてみだらな行いをしかけ、こっぴどく拒絶されたあげくに、激しい後悔にさいなまれて自らの命を絶ったのだ。

その後、マクフェイル夫妻とディヴィッドスン夫人が安宿で、トムスンと再会する。ここ数日までの卑屈で自暴自棄的な態度は消え失せ、髪を念入りに結いあげ、けばけばしく化粧した、最初の頃のあばずれ女に戻っていた(74〜75頁参照)。トムスンは、突然あざけるような笑い声をあげ、ディヴィッドスン夫人につばを吐きかけた。激昂して理由を尋ねる医師にたいして、トムスンは、侮蔑と憎悪のありったけをこめて叫んだ。「おまえたち男なんて！　みんなうす汚いけがらわしい豚だ！　みんな同じだ、一人のこらず！　豚だ！　豚だ！」(75頁)。

『サミング・アップ』(行方昭夫訳、岩波文庫、二〇〇七年)は、人生の終わりを意識した六四歳のモームが自分の過去を回想しながら、自由に自分を語ったエッセイ集である。原題は、THE SUMMING UPであり、「締めくくる」という意味である。「要約すれば」と訳した本もある。「私がこれまでに達した見解は、荒れた海上に浮かぶ難破船の残骸のごとく私の頭の周囲にぷかぷか浮かんでいるのである。こういうものを多少とも整理してみれば、自分の考えがどういうものかはっきりしてくるし、そうすれば、自分の考え方に一貫性が生まれるかもしれない」(14頁)、こう期待して、モームは全部で七七の小エッセイからなる本書を書いた。

10と11では、モームの怜悧な自己観察や、作家批判が展開される。モームは自分の長所と短所を冷静に評価している。「私には鋭い観察眼があり、他の作家が見落としている多数のものを見ることが出来た。観察したものを明瞭な言葉で表現することも出来た。また私には論理的に考えるセンスがあり、言葉の豊富さとか珍しさに対する感覚は鈍いけれど、とにかく言葉の音、響きには敏感に反応できた。自分が望むほどうまい文章を書けるようにはならないのは分かったが、苦労すれば生来の欠点の許す範囲でうまい文章が書けるようになると思った。じっくり考えて、私が狙うべきは、明快、簡潔、音調のよさだと決めた」(41頁)。モームによれば、明瞭に書くことを身につけない怠慢者や、自分がなにを言いたいのかを自覚していない者は、あいまいな文章しか書けない(42〜43頁参照)。モームはまた、自分には絢爛豪華なものを書く才能がなかったので、簡潔な文章をめざしたと述べている(45頁参照)。「音調のよさ」についてはこう述べている。「単語には重さ、音、外見がある。これらを検討して初めて、見た目によく、聞いて心地よい文が書けるのである」(52頁)。

16では、モームの人間観が端的に表現されている。「個々の人間と人間との間に大きな差異はないのだ。誰もかれも、偉大さと卑小さ、美徳と悪徳、高貴さと下劣さのごたまぜである。（中略）私自身について言えば、大多数の人より良くも悪くもない人間だと心得ているのだが、もし生涯でなした全ての行為と、心に浮かんだ全ての想念とを書き記したとするならば、世間は私を邪悪な怪物だと思うことだろう」（68～69頁）。真っ白だけのひともいなければ、真っ黒だけのひともいない。非の打ち所のないひともいなければ、欠点しか目立たないひともいない。どれほど立派にみえるひとでも、すねには傷が残っている。モームの言うように、誰にも相対立する傾向が潜んでいるのだ。モームはさらにこう述べる。「自分が心の中で考えていることを反省するならば、誰でも他人を非難する図々しさを持ちうるはずがないと私は思う。我々の人生の大部分は夢想で占められており、想像力が豊かな人ならば、夢想は多彩で生々しいものになるだろう。自分が夢想している内容が自動的に記録され、目の前に示されたとしたら、それに耐えうる人はいったい何人いるだろうか。きっと恥ずかしくて堪らなくなるだろう。これほどまでに下劣で、邪悪で、ケチで、身勝手で、好色で、スノッブで、虚栄心が強くて、感傷的であるなんて――そんなのは嘘だ、と叫んでしまうことだろう」（69頁）。自分のみにくさやいやらしさ、邪悪さには蓋をして、他人の欠点を非難してはばからないひとは少なくない。その非難が自分に対してもあてはまると反省できれば、謙虚さが生まれるはずなのに、なかなかそうはならない。

自分の信念に疑いをもたず、まっとうな人間だと自負するひとは、宣教師のディヴィッドスンのように、しばしば、自分の狭量な考えや信念を他人に強引に押しつけて、自分の世界にひきずりこもうとする。神を後ろ盾にして、身勝手な想念を駆使して、他人を支配したり、虐待したりするケースも生まれる。

17ではモームの告白が興味深い。「私は皮肉屋だと言われてきた。人間を実際よりも悪者に描いていると非難されてきた。そんなことをしたつもりはない。私のしてきたのは、ただ多くの作家が目を閉ざしているような人間の性質のいくつかを、際立たせただけのことである。人間を観察して私が最も感銘を受けたのは、首尾一貫性の欠如していることである。（中略）人間は誰しも自分はこの世の中でたぐいのない存在であり、特権があるのだという確信を本能的に有している。このため、自分のすることは、他人がすればどれほど誤ったことだとしても、自分にとっては、当たり前で正しいとは言わぬまでも少なくとも許されるべきだと感じるのだ。人間の中に見つけた矛盾は私に興味を起こさせたけれど、それを不当に強調したとは思っていない」（72〜73頁）。自他のふるまいを公平に観察し、自分の特権意識やこっけいな過ちを見逃さず、きちんと自己批判すること、自分の見方はさしおいて、他人の立場に立って周囲の世界を見回してみることの大切さが語られている。

「あなたは人間の短所のみを見て、長所を見なかったのではないか」という非難にはこう答えている。「善よりも美しいものはなく、普通の基準によれば容赦なく糾弾されるような人間に中にいかに多くの善があるかを示すのは、私には大きな喜びであった。この目でそれを確認したからこそ、それを示したのだ。善は、そういう人たちにあっては暗い罪に取り囲まれているので、いっそう光り輝くように思えた。私は善人の善は当然視し、彼らの短所なり悪徳なりを発見すると面白がるのだ。逆に、悪人の善を発見したときは感動し、その邪悪に対しては寛大な気分で肩をすくめるだけにしてやろうと思う」（74頁）。人間の善と悪を見抜くモームの観察眼は鋭く、モームはどんな人間にもその両面が見られると確信していた。善人の悪を面白がり、悪人の善に感動したというところに、モームのシニカルな一面がのぞいている。

モームはこう続ける。「私は概して人間を額面通りに受け取ったことはない。人を見る目のこういう冷淡さが先祖から受け継いだ遺伝なのかどうかは分からない。私の先祖は成功した法律家だったが、見掛けに騙されぬだけの抜け目のなさがなかったら、とうてい成功しなかっただろう」（74〜75頁）。他人を見るときの自分の冷静さは、医学生だったことで助長されたのは確かだとも述べている（75頁参照）。モームは、病室での患者との出会いから、人間が興味のつきない存在だと思うようになった。モームの作家としての特質には、本人が回想するように、遺伝的な側面と個人的な経験が色濃く反映している。

モームに関心のあるひとには、行方昭夫の『サマセット・モームを読む』（岩波書店、二〇一〇年）をおすすめする。岩波市民セミナーの講義内容にもとづいている。明快な内容であり、受講者との質疑応答も含まれていて、読んで楽しい本である。

4月 5月 6月

3月 7月

2月 8月

リンドウ

固有の価値

1月 9月

11月

12月 10月

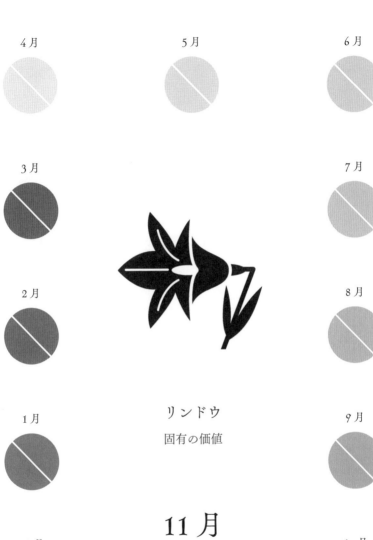

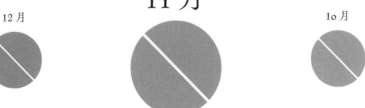

11月1日

さわる経験へ

——触覚の讃歌——

広瀬浩二郎の『世界はさわらないとわからない——「ユニバーサル・ミュージアムとは何か」——』(平凡社新書、二〇二二年)は、コロナ禍の社会で、「さわらない・さわれない・さわらせない」(74頁)という触覚拒否の傾向が強まるなか、さわらずには生きていけない者としての立場から、「『さわる』ことの意味」(5頁)を追求した本である。

広瀬は一九六七年に東京に生まれる。一三歳のときに失明し、筑波大学付属盲学校から京都大学に進んだ。専門は日本宗教史。現在(二〇二二年)は、国立民俗学博物館准教授である。

本書は、「書く——手と頭を動かす——」と「話す——口と体を動かす——」の二部構成である。広瀬は、「『さわらない人々』は、世界に偏在する貴重な事物の感触を忘れている」(7頁)と述べて、さわることの重要性を力説している。本書は、事物にさわる経験そのものへの招待である。

第一部の「1　失明得暗——新たな『ユニバーサル』論の構築に向けて——」のなかで、広瀬は、失明と得暗が表裏一体であり、明の喪失は、同時に暗の獲得だと説く。しかし、近代化が進むにつれ、視覚への過度の依存と比例して、得暗の価値は顧みられなくなった（16頁参照）。前近代には、琵琶法師、イタコなど、得暗によって「見えないからできること」で勝負し、個性を発揮するひとびとがいたが、その後、彼らの活躍の場は狭められ、視覚を使えない障害者として差別されるようになった（25〜28頁参照）。

「2　コロナ禍と特別展――二〇二〇年を振り返る――」は、広瀬らが近代文明への挑戦を意図して開いた「ユニバーサル・ミュージアム――さわる！〝触〟の大博覧会――」の内容紹介である。「『見る文化からさわる文化への転換』」（56頁）をテーマとして掲げ、「『さわるとわかる、わかるとかわる！』」（37、38頁）とうたう。この特別展では、セクション一から五までが暗い展示であり、最後の六のみが明るい展示である。「風景にさわる」、「歴史にさわる」、「音にさわる」などのテーマからなる暗い展示セクションでは、視覚情報を制限し、触覚に集中できる環境が用意されている。広瀬は来場者に、見えないことの不自由を感じることではなく、見ないことで得られる解放感を味わってほしいと望んでいる（37頁参照）。明るい展示セクションでは、視覚と触覚を通して理解できる展示物が置かれている。暗いセクションで視覚を遮断され、触覚を意識するようになった来場者が、明るいセクションに移ってなにを経験することになるのか。広瀬がひとびとに求めているのは、「さわるとわかり、わかるとかわる」経験である。

視覚優位・視覚偏重の現代社会のなかで、従来の博物館は、「『視覚文明の実験装置』」（112頁）であり、視覚障害者にとっては縁遠い場所であったが、ユニバーサル・ミュージアムは、「脱近代の非視覚型文明を開拓するための壮大な実験場、接触と触発の連鎖を促すコミュニケーションの拠点」（113頁）とならなければならないと、広瀬は述べる。この拠点は、われわれがさわることとの大切さ、豊かさに気づく場所として構想される。広瀬によれば、「さわるとは、全身の感覚を総動員して事物の本質に迫る行為」（57頁）である。しかし、目が見えるひとの生活においては、ものに触れて感じる、考えるという触覚を起点とする経験は前面には出てこない。目が見えていても、実は見たいものだけを見ており、ものを見過ごしたり、見落としたりしているのに対し、触れることはものへの豊かな想像力と好奇心を呼びさます。

第二部では、いくつかの対談が収録されている。「2　障害／健常境界はあるか――高橋政代との対話――」は、障害についてのひとつの見方を提起している。高橋はこう述べる。「『見える人、見えない人』という区分ではなく、いろいろなタイプの視覚障害がグラデーションのように地続きになっているのが現状です。これが社会で受け入れられ、視覚障害を当たり前にカミングアウトして、悩まず白杖を使えるようにすることが大事です」（162～163頁）。広瀬はこう答える。「一般の人たちも『障害者は別世界の存在ではなく、地続きで自分たちとつながっている』との意識、つまり『他人事』ではなく、『自分事』としてとらえることが大切でしょう」（163頁）。高齢化が進めば、病人も、視覚障害のひとも増える。自分だけは例外だと楽観視することはできない。障害と健常に明確な境界など存在しないのだ。

「5　古典芸能ルーツと未来――味方玄との対話――」は、観世流能役者との対談である。広瀬は、「『目の見えない者は、目に見えない物を知っている』」（200頁）と言う。たとえば、盲目のイタコは、視覚に頼らない強みを活かして、肉眼では見えない霊界にアプローチできる（同頁参照）。シャーマン（呪術者）は、目を閉じて擬似盲目状態を作り集中力を高めて霊を招く。能面をつけて舞う能役者の場合も、視野の制限によって五感が練磨され、集中力が増すのではないかと、広瀬は尋ねる。味方は、「制約があることで何か特別な力が宿るような気がしますし、自分の意思で舞っているというよりは、身体が自然に動き、舞わされているような感覚にもなります」（201頁）と答えている。イタコの場合は、手で数珠をまさぐり、呪文を唱えることでトランス状態に入り、目には見えない世界、霊界への扉が開かれる。能の「『葵上』」では巫女が登場し、梓弓を弾き鳴らし、神霊を呼び出すための歌を歌う。梓弓がトランス状態に導くための道具になっており、琵琶にも神霊を招きよせる機能があるという（同頁参照）。触覚と聴覚を通じて「目に見えない世界」が開かれるのである。

「7　［インタビュー］目で見るものがすべてではない――視覚中心の社会をほぐすために――」で、広瀬は触覚擁護論をさらに展開している。広瀬には、視覚にばかりたより、聴覚や触覚の経験がおろそかになっているひとが多いと映る（220頁参照）。目の前の事物に目が向いていると、椅子の感触を背中やお尻で気持ちよく感じたり、風の流れや太陽の熱、植物の匂いなどを顔で感じたりする身体の経験が意識されることは少ない（同頁参照）。靴を履く生活では、足の裏で大地と触れて感じることもできない。窮屈な衣服を身につけていれば、本来全身の皮膚で感じるはずの触角は抑圧されたままだ。

「ユニバーサル・ミュージアム研究会」による興味深い試みが紹介されている。メンバーは、触覚でとらえた信楽の地図を残そうとして、神社の大木や階段、古い登り窯などに粘土を押し当てて型を取り、並べることによって、「触地図＝触知図」を作成した（221頁参照）。写真撮影による視覚依存型風景とはことなる世界が開かれたのである。この試みは、視覚優先的な価値観の変更を促すものである。

「8［講演録］健常者とは誰か――『耳なし芳一』を読み解く――」で、広瀬は、障害があるひととないひと、差別するひととされるひと、できるひととできないひと、文明人と未開人といった単純な二分法に異議を唱えている。健常者を常に健康なひとと定義すれば、そんなひとはいない。障害者を障害を抱えて生きるひとと定義すれば、誰もがなんらかの障害を抱えて生きているだろう。要するに、この種の定義は、ひとの現実から分離しているのだ。障害者サービスという発想も、健常者の存在を前提にした二分法にもとづいている。

広瀬は、障害があるひととないひとという陳腐な二分法に納得せず、「『見常者・触常者』」（263頁）というあらたな呼称を提案している。世間の大多数のひとは「『見ることを常とする人＝見常者』」（同頁）であり、触学・触楽を得意とする目の見えないひとは「『触常者』」（同頁）である。広瀬によれば、触常者は見常者にはなれないが、目の見えるひとが触常者になることは可能である。普段、視覚に依存するひとが触覚経験の面白さ、豊かさに気づき、その経験を多くの見常者と共有するようになれば、視覚優位の世界観が変わりうると、広瀬は考えている。

傳田光洋の『第三の脳――皮膚から考える命、こころ、世界――』(朝日出版社、二〇〇七年)の前半は、すでに知られている皮膚の構造や機能の科学的な説明と、現在明らかになりつつある最先端の知識の紹介であり、後半は科学の領分を踏み出した大胆な仮説の展開である。皮膚のもつさまざまな可能性が探究されている。「はじめに　皮膚にまつわる最近の驚き」、「表皮は未知の思考回路である」、「皮膚は電気システムである」、「皮膚は第三の脳である」、「皮膚科学から超能力を考える」、「皮膚がつくるヒトのこころ」、「皮膚から見る世界」の全六章、「あとがき」からなる。

傳田は一九六〇年に神戸市に生まれた。京都大学工学部工業化学科を業して、現在は資生堂ライフサイエンス研究センター主任研究員である。

「はじめに」には、皮膚に無知な人間には驚くべきことが書かれている。皮膚は身体の外側にある臓器であり、色を認識し、色の好みがあり、電気仕掛けのセンサーであり、指先の皮膚は一ミリの百分の一ほどのパターンを識別できるという(10~11頁参照)。傳田は、皮膚という臓器を通して、こころや、命の成り立ちや、人間とはなにかについて考え始めていると述べている(11頁参照)。

第一章は、皮膚の定義から始まり、防御装置、感覚器としての皮膚、皮膚の免疫機能、センサーとしての皮膚、触覚における錯覚、色を識別する皮膚などについての最新の知見を紹介している。

第二章では、脳と表皮が同じ生まれであると説明される。皮膚には、大脳と同様にさまざまな環境因子を感じる受容体が存在しており、表皮は感じるだけでなく、考えているかもしれないと傳田は言う（54〜55頁参照）。表皮はまた電気システムであり、自分の形をモニターし、維持するための電気的環境を自分で作っている（60頁参照）。いくつかの実験結果にもとづいて、表皮細胞による電波発信の事実も紹介されている（64〜72頁参照）。

第三章は、消化管に脳とは別の神経系の働きがあることを実験で確かめた研究者のマイケル・D・ガーションが、消化管は第二の脳だと主張した話から始まる（90〜91頁参照）。皮膚には自分の状態をモニターし、その状態が壊れても、その壊れ具合を顧慮しながら、復元する働きがあることを確認した傳田は、「皮膚は第三の脳だ」と宣言している。

脳と消化管、皮膚がどのように連関するかを知ることが重要なのだ。傳田は、「脳の機能であると考えられてきた意識を正常に維持するには、骨や筋肉そして皮膚が必要」（102頁）だと述べ、「有機体の全体が脳であり、頭蓋骨の中の器官は、そこで一定の役割を他の臓器と強調しながら果たしているにすぎません」（同頁）とも述べている。傳田は、意識、理性、情動、こころが有機体としての身体との相互作用で生まれるというA・ダマシオの説を指示している。「脳を情報処理システムを内蔵する臓器と見なすならば、脳は全身に分布している」というのがこの章の結論である（103頁参照）。

第四章は、西洋医学と東洋医学との対話が主題である。東洋医学では、体表の観察が診断のポイントのひとつである。皮膚にはくまなく「衛気」がめぐり、身体を守っており、この気が弱まると体内の異変が皮膚に現れると考えられているからである（108頁参照）。経穴（つぼ）、経絡は、鍼や灸治療では欠かせない部位である。明治鍼灸大学の矢野忠によれば、両者は立体的構造物である。後者について言えば、深部に経脈のラインがあり、その上に筋肉の経絡、最表層に皮膚の経絡があり、この三層は気を通じて相互作用し、皮部への刺激は深部の経脈に達するという（110頁）。特定の経穴刺激による胆嚢収縮は、超音波で観察できる（113頁参照）。皮膚への軽い刺激による臓器や大脳への作用も臨床研究で確認されている（115頁参照）。傳田は、経絡が神経系、循環器系と同様に、全身を統御するシステムとして重要な役割を果たしていると考えている（同頁参照）。

この章では、科学の枠組みを離れ、超能力、暗黙知、目以外の視覚、気、テレパシーなどについても積極的に語られている。

第五章は、こころ論である。アトピー性皮膚炎に苦しんだ過去をもつ傳田は、精神的なストレスがその症状と結びついていることを経験した。その経験にもとづき、こころがどこにあるのかという問題に言及している。傳田は、理性も判断も情動もふくめてこころだと見なしたうえで、この意味でのこころは「身体と脳との相互作用」（159頁）のなかで生まれると考えている。脳だけがこころを作るのではないという主張だ。傳田は、解剖学者の三木成夫の説を援用しながら、皮膚がこころを作るのに貢献していると述べる。傳田は、「体性感覚――これには身体全体の姿勢や呼吸、そして皮膚感覚が含まれますが、こころに及ぼす作用については、とりわけ皮膚感覚が大きな影響を振るっているらしいのです」(167頁)と控えめに主張し、逆に、皮膚の障害や皮膚疾患が身体全体やこころに及ぼす影響もあると想定している(同頁参照)。こうした皮膚とこころの相互影響を認めれば、将来的には、皮膚のケアがこころのケアにつながる可能性も高まるだろうと、傳田は期待している。

第六章では、「ヒトはなぜ体毛を失ったか」、「身体の部位のなかで顔の皮膚がもっとも角層が薄いのはなぜか」といういまだ未解決の問題について、傳田は自分の研究や、何人かの研究者の見解を踏まえながら、想像上の見方を提示している。

傳田はまた、皮膚の定義を拡張して、「生命と環境との物理的境界が皮膚である」と主張している。原生動物の認識や判断は、皮膚と言うべき細胞膜でなされていることを証明した小島陽之助の功績が評価されている。植物は、苛酷な環境を生きのびるために、皮膚という自分の境界を擬態や防御に、レンズや集光器に使っている。皮膚が感じ、判断し、形を変えているのだ(201頁参照)。

この章では、表皮細胞のケラチノサイトの培養実験を通じて、皮膚には因果律に支配される外的世界とはことなる、非因果律的現象が見られるという指摘がもっとも興味深い。「皮膚は主体にとってその内的『非因果律的』世界を維持、発展させる境界であり、過去から未来へ流れる外の世界の時間の流れから、『未来から過去へ』流れる世界を護るシステムです」(206頁)。体毛の喪失によって環境と直接対峙することになった皮膚が、これからもヒトの運命を左右するかもしれないと傳田は考えている。

本書の結びの文章を引用する。「視聴覚が築き上げた人間の社会でも、皮膚感覚は暗黙知として大きな意味をもっています。眼で見た世界では説明がつかないことが、皮膚から考えると理解できる。皮膚が見る世界に思いをはせ、皮膚が語ることに耳を傾けることが、今の私たちに必要だと信じます」(217頁)。

山口創の『皮膚感覚の不思議――「皮膚」と「心」の身体心理学――』(講談社、二〇〇六年)は、皮膚感覚の鋭敏で、豊かな働きに注目し、とりわけ「皮膚」と「心」のむすびつきに焦点をあてた本である。山口も、視覚優位の社会で、触覚がなおざりにされている状況に危機感をいだいている。山口は一九六七年生まれ。早稲田大学大学院人間科学研究科で学んだ。現在(二〇二二年)は、聖徳大学人文学部で教えている。

本書は、第一章から第五章まで皮膚をめぐるさまざまな感覚、痛さ、痒み、くすぐったさ、気持ちよさが順に主題化され、第六章で「皮膚感覚と心」について総括的な見解が述べられている。

第一章のおしまいで、山口は、対人関係において皮膚はなんらかのメッセージを発しており、皮膚に意識を向けていると、徐々に皮膚の発するサインが読み取れるようになるだろうと述べている。

第二章は、痛みのメカニズム、ファーストペイン、セカンドペイン、痛みの経験と意味、痛みの民族差や性差、痛みと心の発達、痛みの進化論などについてのコンパクトな記述である。

第五章は、気持ちよさの定義、快・不快のメカニズム、皮膚感覚の快・不快、気持ちやすさを感じやすい部位と触れ方、痛みと快感、性感の気持ちよさ、気持ちよさの進化、快・不快の経験と心の発達などについての情報が満載である。

第六章では、皮膚感覚が心をはぐくむので、乳幼児期の親子のスキンシップが大切だと説かれる。身体的な虐待やネグレクトを受けた子供は、他人との肌のふれあいを拒絶するか、逆にべたべたした関係をするようになるといったケースが報告されている。大学生一五四名を対象にしたアンケート調査では、乳児期に母親とのスキンシップが少なかった大学生は、多かった大学生よりも人間不信や自閉的傾向が強く、自尊心も低い傾向にあったと報告されている（206～207頁参照）。アメリカの心理学者のプレスコット・レッキーは、一九七〇年代に非行少年たちを調査し、身体への接触や触れ合いの不足は、抑うつや自閉的な行動、多動、暴力、攻撃、性的逸脱などの情緒障害の原因になると考えた（208頁参照）。

興味深い歴史の一端が紹介されている。西欧では、一二世紀までは触覚優位の時代が続き、神の救済を得るためには境界の祭壇や柱、聖像などに触れることが大切だと信じられていた。ところが、中世の中期から後期になると、触覚は地位が低下し、罪と汚れをもたらす感覚とみなされるようになった（214～215頁参照）。「触覚は聖性を伝える感覚から、穢れを伝える感覚への凋落したのである」（215頁）。日本の場合は、着物の染織や陶芸は触覚の芸術である。板前の出す和食料理、折り紙、また靴を脱ぐ文化ゆえに、畳、木造建築なども触覚が重要な要素である（216～217頁参照）。今日でも、触覚の伝統は受けつがれてはいる。しかし、視覚や聴覚、嗅覚、味覚を満足させる環境が整う反面で、触覚は軽視されていると、山口は見ている。その状況に危機感をいだく山口は、本書をこう結んでいる。「子どもたちに温かいスキンシップを十分に与え、さまざまな自然に直接触れ、自身の痛みも体験する場を与えることで、感性豊かな、人の痛みのわかる思いやりのある人間に育ててゆくことは、私たち大人の責任ではないだろうか」（222頁）。

コロナ禍になって以来、ただでさえ貶められてきた触覚は、さらに受難の時代に突入した。今こそ立ち止まって、そのはかり知れない重要性を認識すべきではないだろうか。

11月2日

見る経験への問いかけ

——身体とのあたらしい出会い——

堀越喜晴の『世界を手で見る、耳で見る——目で見ない族からのメッセージ——』（毎日新聞出版、二〇二二年）は、二〇一一年から二〇一九年にかけて「点字毎日」に連載されたエッセイに修正を加え、編集したものである。「点字毎日」は、一九二二年の創刊以来、一度の休刊もなく、二〇二二年に創刊一〇〇年を迎えている。

堀越は一九五七年に新潟に生まれた。二歳半までに、網膜芽細胞腫により両眼を摘出された。筑波大学大学院博士課程修了。専門は言語学、キリスト教文学。現在（二〇二二年）、いくつかの大学で教鞭をとっている。

本書は、「目で見ないシーン」、「たかが言葉、されど言葉」、「何か変だぞ」、「点字は文字だ！」、「今、教育の現場で」、「大切な人、大切な場所、大切な記憶」、「近頃の事件から」の全七章と、「はじめに」と「おわりに」からなる。堀越の個人的なとまどいや困惑の体験、目が見えないからこそ遭遇する日常世界の断面、目の見えない教師が受けもつ教室での学生の態度などについて柔らかなことばで表現されている。
「はじめに」で、堀越はこう述べる。「目が見える人たちの中でも、目で見る以外の感覚に興味を持つ人、持たない人、それから目が見えない人たちの中でも、目で見る感覚に興味を持つ人、持たない人、またいろいろな見え方、『見えない』方、という具合に、『見る』ということが様々なグラデーションをなして立ち現れてこないだろうか」(7~8頁)。視覚だけでなく、触覚、聴覚、味覚、嗅覚などにも、「様々なグラデーション」が伴う。ひとの諸感覚は一様ではないので、それぞれが固有な仕方で世界を経験している。しかし、自他の感覚の差異に無頓着なままだと、自分とは違う感覚で生きているひとの経験に身を寄せることがむずかしい。それぞれの経験がすれ違ったままになる。だからこそ、堀越は、『『見る』のグラデーション効果」(8頁)を読者と分かち合いたいと願っているのだ。

第一章の「1 目」で、堀越は、目の見えない自分には目に対してのミステリーがあり、目で見る族のひとたちにも目に見えないことへのミステリーがあると言う(13頁参照)。堀越は、これまで、「一人部屋で大丈夫ですか」、「包丁で手を切りませんか」、「風呂に入るの?」などと聞かれて、自分の暮らしぶりが全然理解されていないことに驚いてきた(12頁参照)。そこで、堀越は、お互いが胸襟を開き、よく分かっていないことについて忌憚なく語り合うという、楽しいコミュニケーションを提案している(13~14頁参照)。「楽しいコミュニケーション」とは、いつの間にか固まってしまった見方を、それぞれが肩の力をぬいてほぐしていくことばのキャッチボールだ。

堀越は、「2　見た目がなんぼ?」で、「『目が見えない人の世界を、四脚の椅子の脚が一本折れたようなものだと考えるのは正しくない』」（16頁）という伊藤亜紗のことばに、「卓見だ!」（同頁）と同意している。堀越によれば、この社会では「『脚折れ椅子』的な引き算の障害者観で凝り固まってしまっている」（16頁）ひとが多いし、障害は、ともすれば心身の機能の欠如、あるいは異常としてしかとらえられていない（同頁参照）。「健常者」ということばがある。常に健康なひとなどいるはずもないのに、いるかのような想定がなされている。そういう不在の人間の基準から外れたひとが、「障害者」と決めつけられているのだ。堀越は、遠くにある物の形に触れもせずに分かる視力は、自分には念力かテレパシーのように見え、あれば便利だろうが、なければないで十分にやっていけると述べて（17頁参照）、自分がものを見えないことを障害とは見なしていない。

「5　読書の秋に」は、点字へのオマージュである。IT技術を読書バリアフリーに活かす努力がなされ、読書環境が変わり、「点字はもはやその役割を終えた」（26頁）という声さえ聞かれるようになったという。それに対して、堀越は、二〇〇〇冊近くにも及ぶ『群書類従』を仕上げた塙保己一、日本語文法を体系化した本居春庭、聖書の数ページの記録を一万余行の詩に著したジョン・ミルトンなどの視覚障害者の労苦を思い起こすべきだと述べる（26〜27頁参照）。堀越の読書讃を引用する。「布団をしっかりと肩までかぶり、頭を枕から持ち上げることもなく、もちろん灯りも点けずに、何人もの人の手の触れた点字書に指をはわせながら、時間をかけて文章の響きに心を澄ます。秋の夜長、私たち点字使用者だけに与えられたそんな至福の時をじっくりと味わうというのも、また一興だ」（27頁）。

第二章の「7　『自力』と『自立』」は、「健常者」と「障害者」の比較論だ。堀越によれば、「健常者」は、道路や駅や建物の掲示板や地図などに守られて「完全介護状態」（57頁）にある。その手厚い介助に依存しているからこそ、「健常者」は自立し、自力で動くことができる（57頁参照）。それに対して、「障害者」は、依存先は極度に限定されているために、自力で動く工夫をする必要があり、通りすがりのひとの介助や、制度の改善も求めなければならない。ところが、世間では、「障害者」は多くのことをひとに依存しなければならず、自力ではなにもできないから、およそ自立できているとはいえないという、「『健常者』の発想」（58頁）が幅を利かせている。守られているから自力で行動できる「健常者」が、その状態にない人を「障害者」と呼ぶのは傲慢であり、今はその発想を転換するときだと堀越は言う。堀越はまた、マーティン・ルーサー・キング牧師の「黒人の運命と白人の運命とは分かちがたく結びついている。だから黒人の解放なくしては白人の真の自由はあり得ない」（58頁）ということばを引用し、これは「障害者」と「健常者」との関係にも当てはまると主張する。堀越はこう結んでいる。「今は、私たち目の見えぬ者たちが、社会の目から鱗を落とす時だ。そして、私たち障害者が、ともすると脆弱に陥ってしまうこの社会を救う時だ」（同頁）。

第五章の「4　不気味な『進化』」は、昨今の学生論だ。学生たちに「あなたならどんな環境を望みますか」という質問をしたところ、ひとりの学生は「私は何も考えなくていい環境を選びたいです」

（134頁）と答えたという。技術が進歩しているので、これからは、考えることはＩＴやロボットやＡＩにまかせればよい。ＩＴ政治に移行すれば、私利私欲や忖度が除外されてすっきりする。障害も、いずれは医療や技術の改良などによって問題なくなるだろうなどと発言する学生も少なくないという（134〜135頁参照）。堀越は、未来人の発言をこう予測する。「昔の人ってたいへんだったんだねぇ。本何冊も読んで『人生とはなんぞや』だなんて、眉間にしわ寄せて考えてたんだってね。今ならそんなこと、ＡＩに聞いてみればすぐに正解を教えてくれるのにね」（136頁）。「人間は考える葦である」、「考えることが人間を偉大にする」と述べたパスカルのことばなど、誰もふり返らない時代が来るのだろうか。

本書には、自宅、学校、盲学校、大学、国会、選挙会場、障害者施設などで起きている出来事や事件に対する堀越の異論や反論、共感、祈りなどが随所に織りこまれている。堀越は、『『便利や効率を作り出すことのできない存在』』（205頁）こそが、これからの職場において、ゆとり、関わり、幸せ、愛などを意識化し、顕在化させうる存在だと考えている（206頁参照）。

つぎに、堀越も引用していた伊藤亜紗の本『目の見えない人は世界をどう見ているのか』（光文社新書、二〇一五年）を紹介しよう。

伊藤は、何人かの視覚障害者とコミュニケーションを重ね、ともに行動しながら、目の見えないひとがどのようにして世界のなかで生きて、世界を認識しているかをさぐっている。「障害者は身近にいる『自分と異なる体を持った存在』です。そんな彼らについて、数字ではなく言葉によって、想像力を働かせること。そして想像の中だけかもしれないけれど、視覚を使わない体に変身して生きてみること。それが本書の目的です」(23頁)。「想像力」と「変身」はキーワードである。

伊藤の好奇心の対象は身体である。しかし、「身体一般」を論じるのではなく、目の見えないひとの身体の動きに身を寄せながら「新しい身体論」(28頁)をリサーチすることをめざしている。「私たちが最も頼っている視覚という感覚を取り除いてみると、身体は、世界のとらえ方はどうなるのか?」(同頁)という問いからの出発である。この問いは、「主体が周囲の事物にどのような意味を与え、それがどのような環世界を作り出しているのか」(34頁)という「意味」への問いと結びつく。伊藤は、「意味」が見過ごされがちなのが福祉政策や、福祉事業などの場合であり、福祉は「情報への配慮」(35頁)であふれていると言う。点字ブロックや音響信号、対面朗読サービスなどがその具体的な現れである。しかし、『福祉的な視点』」(36頁)に縛られてしまうと、多くの情報を教えてあげなければならないと身構えてしまい、障害者との個別的な接触の機会が失われはしないかと、伊藤は危惧している。本書では、「意味」と「情報」の対比がポイントである。

「序章」のなかで、伊藤はひとつのエピソードを紹介している。中途失明者の木下路徳が、今・ここにないものを頭のなかで視覚的に思いうかべる想像力の働きについての説明を聞きながら、「『なるほど、そっちの見える世界の話も面白いねぇ！』」（40頁）と叫んだという。この発言は、障害についての凝り固まった考え方をほぐす力をもっているという（40頁参照）。「木下さんの言う『そっち』は、見える世界と見えない世界を隣り合うふたつの家のようにとらえています。『うちはうち、よそはよそ』という、突き放すような気持ちよさがそこにはあります」（41頁）。伊藤は、目の見えない木下を「気遣ってなにかをしてあげるひと」ではなく、友達、近所のひとといった目で見ている。「意味ベースの関わり」（同頁）がそこにはある。

第一章「空間」では、伊藤が木下と大岡山駅で待ち合わせ、自分の研究室に向かって歩き始めたときのエピソードが「目からうろこ」だ。「『大岡山はやっぱり山で、いまその斜面をおりているんですね』」（47頁）という木下の発言に伊藤は驚く。自分にとっては道順の一部でしかなかった通勤路を、木下は「もっと俯瞰的で空間全体をとらえるイメージ」（48頁）で把握していたからだ。伊藤は、自分が方向性をもつ道に、いわばベルトコンベヤーのように運ばれている「通行人」という存在でしかないと悟る（49頁参照）。「それに比べて、まるでスキーヤーのように広い平面の上に自分で線を引く木下さんのイメージは、より解放的なものに思えます」（同頁）。伊藤が言うように、都会では、目の見えるひとは視覚的な情報の洪水に飲みこまれ、情報の奴隷のように生きている。都市は「ひとつの巨大な振り付け装置」（54頁）であり、見えるひとはそれに踊らされがちになる。それに対して、目の見えないひとは洪水とは無縁で、「『脳の中に余裕がある』」（51頁）から、道から自由なのだと伊藤は言う。

中途失明の難波創太も、道から解放された経験を語る。「『見えない世界の新人』」（57頁）になった難波は、最初は情報の激減にとまどったが、二、三年もすると、たどりつけない情報にはこだわる必要がないと考えるようになり、心の安定を得たという（56頁参照）。ものが見えなくなったからこそ、情報に踊らされない生き方を実現できたのだ。

第二章「感覚」は、見えないひとの感覚の使い方を記述することによって、見えるひとの視覚理解の狭さや柔軟性の欠如を指摘する章だ。伊藤は、見えないひとの聴覚や触覚の使い方が個別的で、多様であることに注意をうながす。歩行の際に、見えないひとは、それぞれが音や杖と足裏の感覚、風などを頼りにしている（86〜87頁参照）。

伊藤は、視覚を高次、触覚を低次に位置づける発想を批判し、見るのは目だけではないと言う。一三歳のときに失明した広瀬浩二郎は、「耳で見て目でき き鼻でものくうて　口で嗅がねば神は判らず」（110頁）という、大本教の教祖・出口王仁三郎が詠んだ歌に支えられてきたという。人間の感覚を五つに分けるのは近代的な発想にすぎず、相互に協力し合って働いているというのが広瀬の実感である。伊藤はこう述べる。「器官とは、そして器官の集まりである体とは、まだ見ぬさまざまな働きを秘めた柔軟な可能性の塊なのです」（115頁）。

以下、第三章「運動」、第四章「言葉」、第五章「ユーモア」と続いていく。どの章にも、伊藤ならではの新鮮な身体論がきらめくリズミカルな文章に展開されている。いわゆる「障害者」と「健常者」

の垣根を取りはらうには、このような魅力的な語り口こそ最適だと思わずにはいられない。

長棟まおの「手による認識」（山田宗睦ほか共著『手は何のためにあるか』（風人社、一九九〇年所収）は、触れることの豊かな次元を明晰な文章でつづったエッセイである。

長棟は、盲学校の中・高六年間、先述の堀越と同級生だった。現役で和光大学に進学し、日本文学、特に仏教文学を専攻した。

このエッセイは三つのエピソードからなっている。触読の訓練を受け、触覚によって事物を認識するようになった長棟は、まず、みやげ物屋で出会った両手におさまるほどの観音像について述べている。長棟は、観音像の全体に人差し指や親指で触れながら、「仏像のかもす魅力」（255頁）に魅せられていく。

次は、ラマ教寺院を体感するために出かけたチベットでの体験報告である。牛糞を丸く伸ばしたものが壁に貼りつけてあった。目の見えるひとたちは、それが湿っていて汚らしく見えるので触ろうとはしない。長棟は、その手触りとやわらかさを知りたくて、人差し指を壁に突き立てたが、牛糞は「軽石かひからびた地面」（257頁）のようだった。その事実を友人に告げても、それを自分で確かめるひとはほとんどいなかった。長棟はこう記す。「せっかく触ろうと思えばいくらでも触れる状況に居合わせながら、自分でもそれと気付かぬうちに、その触覚の醍醐味を惜しげもなく放棄してしまっているというようなことが、視覚的な世界に生きる人達には案外多いのではあるまいか」（258頁）。離れて見ることに慣れているひとは、じかに触って見ることの幸福から遠ざかっているのだ。ほとんどのものがもつ「触覚的個性」から鮮烈な触覚感を感じないままに人生を終えることにもなるのだ（259頁参照）。

三つ目は、東北の古刹の観音との出会いである。「『岩手県のさる古刹になんとも流麗な感じのする鉈彫りの観音がある』」（260頁）と聞こえてきた。長棟は、その相容れないイメージの実際を確かめたくて、仲間たちと現地を訪ねた。

御堂に安置されている木像は、ガラスケースに収められていた。しかし、鍵はかかっていなかったので、仲間たちが見張り役をして、長棟は仏像に触れることができた。長棟は自分の触覚感をこう表現している。「息をのむほど美しいノミ跡が、衣全体をびっしりと覆い尽くしていたのである。まるで魔法の指が、スルスルと無駄を刮げすり切っていったかのような、その小さな面の連なり、そしてその面と面とをつないで、一見、縦横無尽と表現したくなるような不思議な規則性を持ちながら、伸びやかに満ち広がっている微細な曲線の円やかさに、私は心の底から驚嘆せざるを得なかった」（262〜263頁）。目の見えるひとは、ともすれば仏像の姿形に注目するかもしれないが、長棟は仏像の肌触りに感動している。

長棟は、おしまいにこう述べている。「私にたまたま具わっている目が見えないという特質は、確かにある場合には障害となるが、また別の場合には、極めて強固な独自性を生む原因とも力ともなる。

そういう二面性をもつ、限りない可能性をはらんだ素晴らしい特質をただ一面的に『障害』と決めつけてしまうことが私にはどうしてもできなかった。拙稿中、『健常者・障害者』ではなく、『目の見える人・目の見えない人』という言い方を用いたのはそのためである」（268頁）。目が見えるからといって、ものがよく見えているとは限らない。見るものが多ければ、見過ごすことも多くなる。長棟は、目の見えるひとには近づきにくい触覚で感じられる世界を繊細に描いている。「健常者・障害者」というういびつな区分に対する長棟の抗議が響いてくる。

4月 5月 6月

3月 7月

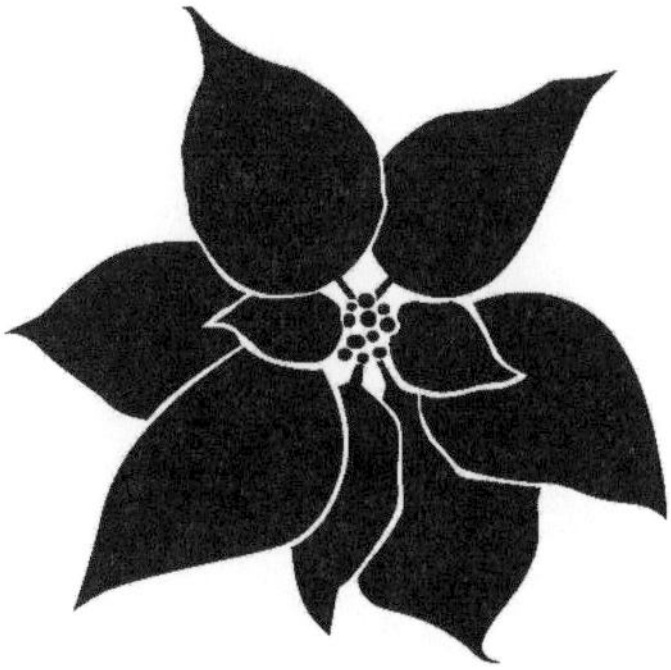

2月 8月

1月 ポインセチア 9月

祝福

12月

11月 10月

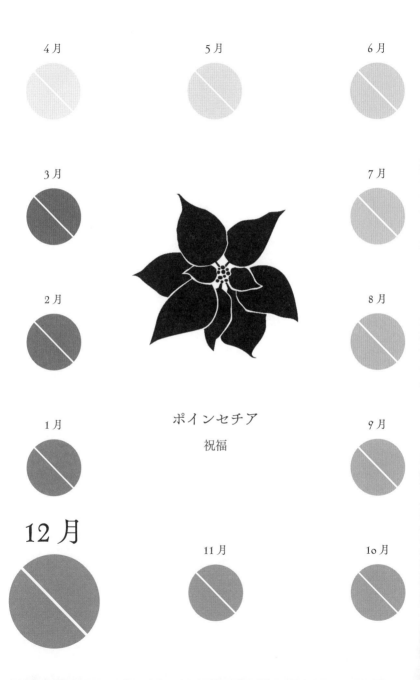

12月1日

生きることを学ぶ

――絵本はこころの扉を開く――

柳田邦男の『人生の1冊の絵本』（岩波新書、二〇二〇年）は、絵本の魅力を語る一冊である。柳田によれば、今、絵本の世界は、あたらしいルネッサンス期を迎え、多種多様な人生の課題に解答例を与える作品が次々と生まれているという（335頁参照）。「生まれた子どものこころが発達する瞬間って、目に見えるの？」、「人種の違う人や障害のある人を差別の目で見るこころを、どうすれば変えられるの？」、「この世は生きるに値するところなの？」、「人と動物がこころのコミュニケーションをすることができると思いますか？」、「木は人の生涯を見つめていると思ったことがありますか？」といった問いに対して考えるヒントを与えてくれるのが絵本だと、柳田は力説する（335～336頁参照）。「絵本は、子どもが読んで理解できるだけでなく、大人が自らの人生経験やこころにかかえている問題を重ねつつ、じっくり読むと、小説などとは違う独特の深い味わいがあることがわかってくるものだ」（336頁）。

本書は、「こころの転機」、「こころのかたち」、「子どもの感性」、「無垢な時間」、「笑いも悲しみもあって」、「木は見ている」、「星よ月よ」、「祈りの灯」の八部構成である。それぞれ六ページほどの短文は、いずれもいのち、こころ、動物と生きる、生き物のまなざし、木々との交流、静寂、祈りなどについて語って味わい深い余韻を残す。ぜひ読んでみたいと思う絵本が何冊も見つかるだろう。

古代ローマの政治家であり、哲学者、劇作家でもあったセネカは、『人生の短さについて 他2篇』（中澤務訳、光文社文庫、二〇一七年）のなかで、「生きるということから最も遠く離れているのが、多忙な人間だ。生きることを知るのはなによりも難しいことなのだ。（中略）しかし、生きることは、生涯をかけて学ばなければならないのだ」（37頁）と述べた。柳田によれば、絵本は幼少期、子育て期、中高年期と三度にわたって読むことができるものだ。いわば、生涯にわたって読んで、学べるのが絵本なのだ。とはいえ、忙しく生きていると、セネカが言うように、生きることがどういうことなのかなどと考える暇はあまりない。けれども、たとえ忙しくても、絵本や詩、絵画、音楽などとのふれあいの時間をつくることが人生を豊かにするためにはなによりも大切なことだろう。いくつかの地域では、子どもに絵本を読み聞かせたり、子どもが自由に絵本を読んだり借りたりできる機会を増やす地道な試みがなされている。柳田自身も、九年前に絵本普及活動の核となるひとを育てるために「絵本専門士養成講座」を開講し、講座修了者を中心にした活動も全国に広がりつつあるという。柳田はまた、こども園や幼稚園、小学校などに出かけて、絵本の読み聞かせや紙芝居をする活動も行っている。

いじめや暴力の蔓延する社会で、絵本はわれわれがどうあるべきかを立ち止まって考えさせてくれる、というのが柳田の信念である。「合理主義、効率主義、利己主義、ネット依存が支配的になっている索漠とした時代状況のなかで、この本が人々のこころと人生の歩みに少しでも温もりをもたらすことができればと願っている」(337頁)。

「こころのかたち」のなかから、「人はなぜ学び、なぜ働き、なぜ祈るのか」を紹介しよう。写真家・長倉洋海の写真絵本『いのる』(アリス館、二〇一六年)が取りあげられている。「どの頁を開いても、胸にずんずんと響いてくる。祈る人間の敬虔な姿の写真と思索する長倉さんの言葉とが交響していて、読み進むほどにこちらが精神性の高みへと引き上げられていく思いが胸中に広がってくる」(52頁)。いくつかの写真から受ける感動をしるしたあとで、柳田はこう述べている。「この絵本写真『いのる』は、私の終生の伴侶というべき大切な本たちの一冊になるだろう」(55頁)。

「星よ月よ」のなかの、「静寂のなかの音、のどを潤す冷水」という短文のなかでは、たむらしげるの『よるのおと』(偕成社、二〇一七年)が紹介されている。「書店で手に取って、はじめの三〜四頁を読んだだけで、気持ちがすーっとその世界に入りこみ、『うーん、いいな』とつぶやく。それだけで、気持ちがやわらかくほぐれてくる。私が絵本を買うときの、きっかけとなる要素のひとつだ」(272頁)。柳田は、この絵本を手にしたときにもそういう印象をもったという。『よるのおと』は、池のほとりを歩く少年の耳に聞こえてくる蛙や犬の鳴き声、汽車の音、鹿が水を飲む音、フクロウに襲われた蛙が水中に逃げる音などを取りあげながら、生き物のいのちの鼓動と世界の呼吸を描き出している。どんなに忙しい日々を生きていても、病気で苦しんでいても、この絵本を手に取って読めば、なにか大切なものを見失っていたことに気づかされ、こころのなかで変化が起こるだろうと、柳田は述べている（274頁参照）。

本書で紹介されている絵本は、傑作ぞろいだ。図書館や書店の絵本コーナーに立ち寄って、ぜひ手に取ってみてほしい。

長倉は、一九五二年、釧路市に生まれた。一九八〇年にフリーの写真家になった。世界の紛争地や辺鄙な村を訪れ、戦争に巻きこまれたひとびとや、ひたむきに生きる子供たちの表情を写真におさめたのが『いのる』である。

長く争いが続いたスリランカで、「子どもが争いにまきこまれないように」（3頁）と、教会で祈る女性、仏教の聖地で、「なくなった人が、／いいところにいけますように」（5頁）と花をたむけて祈る女性の写真が心に残る。インドネシアの教会で祈る女性たちを背後から撮影した写真には、内省的な言葉がこう記されている。「いのることで、／人はじぶんのいたらないところや、／おろかなところを知ることができる。／相手をせめるのではなく、／自分にわるいところはなかったのか。／人を貶めたことはなかったのか。／自分の気づかなかったところを深く問い返す。／自分が変わっていくことで、／まわりの人をしだいに変えていくことが／できるのではないだろうか」（14～15頁）。祭りの季節に、「『あなたたちのことは／けっして忘れないよ。／いつも、私たちの／心の中にいるから』

（27頁）と大きな声で口にする中央アフリカの遊牧民のボロロ、「『自分たちは自然の一部。／川も面山も、草花もすべて／兄弟なのです。／人は何もとくべつ、／足跡を残そうとしなくてもいいのです。／生きていること自体が／すばらしいことですから』」（31頁）と話すブラジル先住民などの印象深い写真と言葉も収められている。

長倉は、小学生のときに祖母をなくした。「焼いた煙が高い空にのぼっていくのを見たとき、／すべてが無になったような気がして、悲しかった」（20頁）が、さまざまな死に出会ってようやく気づいた。「ただ死を恐れるのではなく、生きている、この時間、この瞬間を、／もっともっとしんけんに生きることが大切なんだ、と」（同頁）。祈るひとびとは、遠い祖先や神とつながることを真剣に求めて生きている。そのいちずなまなざしが美しい。長倉はこうしるしている。「人は、とても小さな存在だからこそ、／大きな存在とつながろうとする。／いのることで、／昔の人たち、宇宙、未来とも／つながることができる。／そうすることで、／わたしたちは『永遠』というものに／近づくことができるのかもしれない」（34〜35頁）。

おしまいの言葉を引用しよう。「今日も世界各地で、いのりは続いている。／そして、これからも続いていく。／人が生きているかぎり。／希望を捨てないかぎり。／人が人と生きていくかぎり」（38頁）。

ジョーダン・スコット（文）、シドニー・スミス（絵）『ぼくは川のように話す』（原田勝訳、偕成社、二〇二一年）は、吃音にもがき苦しみ、自閉的になった少年が、父の導きでふたたび話し始めるまでの軌跡を描いた作品である。スコットはカナダの詩人であり、スミスはカナダの画家である。本書は、障害をもつ体験を表現した児童書におくられるシュナイダー・ファミリーブック賞を受賞した。

ストーリーを追ってみよう。
少年には、うまく口に出せない音がある。

松の木の「ま」は、
　口のなかで
　　根をはやして、
　ぼくの舌に
　　からみつく。
カラスの「カ」は、
　のどのおくに
　　ひっかかって

でてこない。
月の「つ」で
つっかえたぼくは、
魔法に
かけられたように、
うめくしかない。（7頁）

教室では、後ろの席でちぢこまっている。先生にあてられはしないかとびくびくしながら。みんなには、ぼくの口に松の木がはえているのが見えず、のどのおくでは、「カー、カー」というカラスの声がないているのに聞こえない。ぼくの口からはあやしい月の光が出ているのに、だれも目をふせない。みんなに聞こえるのは、ぼくのしゃべり方だけで、見えるのは、ぼくのゆがんだ顔と、かくしきれない、びくびくした心だけだ。世界で一番好きな場所について話す番が回ってきた。けれども、少年の口は動かない。（10～16頁参照）

放課後、待っていた父親が、「うまくしゃべれない日もあるさ。どこかしずかなところへいこう」（17頁）と、少年を川に誘った。川岸を歩きながら、少年は、うまくしゃべれなかったことや、みんなから見られて、ぼくのくちびるがゆがんで、ふるえていたこと、みんなの口が、クスクス、ゲラゲラと笑っていたことを思い出し、胸には嵐が起こり、目は雨でいっぱいになる（17〜23頁参照）。父は、少年の肩を抱き寄せ、川を指さして言った。「ほら、川の水を見てみろ。／あれが、おまえの話し方だ」（25頁）。川は、あわだって、うずまいて、なみをうち、くだけていた。泣いてしまいそうなとき、だまりこんでしまいそうなとき、「ぼくは川のように話す」ということばを思い出そうと、少年は思う（26〜35頁参照）。「思いどおりに、ことばがでてこないときは、どうどうとした、この川を思いうかべよう」（36頁）。「急流のさきでゆったりと流れ、／なめらかに光る川のことを思いうかべよう」（39頁）。少年は、自分の話し方が川の流れと同じだと気づいたのだ。川だってスムーズには流れていないのだ、ぼくと同じように。

少年は学校に行き、みんなの前に出て、世界で一番好きになった川のことを、川のように話す（41〜42頁参照）。

本書は、スコットの経験にもとづいている。おしまいの「ぼくの話し方」でその詳細が語られている。スコットは、言葉がうまく口から出てこず、一言しゃべるのも大変で、クラスの笑われ者になった。すらすらと言葉が口をついて出るひとには、吃音者のしゃべり方は不自然で、それを見たり聞いたりするのは気持ちのよいものではないと、スコットは言う。言語療法士からは、「きみのめざす目標は、流れるように話すことだ」（43頁）とよく言われたという。

しかし、川を注意深く見ているうちに、言語療法士とは違う見方が生まれてきた。川は、下流へと、たゆまず流れていくが、人工的な水路のように等速度でよどみなく流れるわけではない。

スコットは、われわれに問いかける。「話す感覚に意識を集中すると、なにが起きるでしょう？　言葉はあなたの体のどこにあると感じますか？　言葉を切ったり、ためらったりせずに話していますか？　つかえたり、言葉をわすれたり、そもそも、なんと言ったらいいかわからなくなったりしませんか？　ときには、話すことをさけていませんか？　まったく口をききたくないときがあるのではないですか？」（同頁）。誰もが、多かれ少なかれ、程度は異なるが、吃音者なのだ。

スコットは、吃音には、ひとそれぞれの吃音があり、「それは言葉と音と体がからみあった、とても個人的な苦労の塊」（同頁）だと言う。「吃音によって、ぼくは人と深く結びついていると感じ、同時に、ほんとうにひとりなのだとも感じます。吃音は怖いくらいに美しい」（同頁）。おしまいをこう結んでいる。「ぼくはときおり、なんの心配もなくしゃべりたい、『上品な』、『流暢な』と言えるような、なめらかな話し方であればいいのに、と思います。でも、そうなったら、それはぼくではありません」（同頁）。人工的な水路を見て美しいと思うひとがいないように、録音されたアナウンスやＡＩによる音声に心を動かされるひとはいない。川は自然のなかでさまざまな障害にぶつかり、よどんだり、逆まいたりする、その不規則な水の動きこそがわれわれの心を捉えるのだ。ひとの言葉とまったく同じように。

12月2日

生かされて生きること、ことばによって生きること

——岩崎航の歩み——

岩崎航の『点滴ポール——生き抜くという旗印——』（齋藤陽道写真、ナナロク社、二〇一三年）は、「ひとが生きること」についてさまざまなことを考えさせる「五行詩」と、病床の岩崎や自宅などをとらえた数枚の写真、エッセイなどを集めた本である。

本書は、「巻頭詩」、「エッセイ　生き抜くという旗印」、「点滴ポール　I」、「エッセイ　母の手」、「点滴ポール　II」、「3・11　東日本大震災に寄せて」、「あとがき」からなる。

岩崎航は、一九七六年に仙台市に生まれた。三歳で筋ジストロフィーを発症する。現在は、胃瘻からの経管栄養と人工呼吸器を使用し、在宅医療と介護サービスを受けながら、仙台の自宅で暮らしている。二〇代半ばから短詩に興味をもち始め、二〇〇四年から五行詩を書き始めた。

岩崎は、「エッセイ　生き抜くという旗印」の冒頭で、一七歳のときに、将来になんの希望もないように思えて、自殺を考えたことがあると述べている（4頁参照）。けれども、岩崎は「あるとき自分自身で葛藤にケリをつけ、『自分はこの病を持つ姿そのまま、隠したり恥じたりせず、顔を上げて生きればいいいんだ』と思えるようになり」（177頁）、ありのままの自分を肯定して、自分の人生を生きることを決意した。その後、症状が悪化し、座れなくなり、ご飯も食べられなくなった。ベッドで寝たきりの生活になり、吐き気地獄で発狂しそうにもなった。呼吸器も必要になり、それから二〇年が経ち、病状はさらに悪くなった。立って歩きたい、風を切って走りたい、自力で心地よく息を吸いたいと思ってもそれができない（5～6頁参照）。しかし、岩崎はこう述べる。「でも、それができていた子どもの頃に戻りたいとは思わない。多く失ったこともあるけれど、今のほうが断然いい。／大人になった今、悩みは増えたし深くもなった。生きることが辛いときも多い。／でも『今』を人間らしく生きている自分が好きだ。／絶望のなかで見いだした希望、苦悶の先につかみ取った『今』が、自分にとって一番の時だ。そう心から思えていることは、幸福だと感じている」（6～7頁）。今よりもはるかに自由だった子供時代よりも、不自由度が増した今の方が断然いいという岩崎の心境を、「青春時代を、抉りとられた」（5頁）ことのない者が安易に推測することはできない。

岩崎は、現在の心境をこうつづっている。「授かった大切な命を、最後まで生き抜く。／そのなかで間断なく起こってくる悩みと闘いながら生き続けていく。／生きることは本来、うれしいことだ、たのしいことだ、こころ温かくつながっていくことだと、そう信じている。／闘い続けるのは、まさに『今』を人間らしく生きるためだ」（7頁）。岩崎は、このエッセイを、「生き抜くという旗印は、一人一人が持っている。／僕は、僕のこの旗をなびかせていく」（同頁）という決意のことばで締めくくっている。

「点滴ポール　I」では、授かった命を生き抜くという旗印を立てて闘う岩崎の日常の断面が詠われている。自分の体と心を見つめる心情や、生きることをめぐる葛藤と動揺、ベッドサイドの窓から見える季節の変化、虹、空、陽などの自然なども見つめられている。いくつか引用してみよう。

手術を前に
窓から見えた
晩夏の虹を
そっと心に
首飾る（18頁）

たたかいだ
これで
何回目かの

救急車に
乗る（19頁）

此の　戦場を
逃げ出すな
寝たきりを
言い訳にするな
今日の茅舎《ぼうしゃ》忌（23頁）

できることと
できざることとを
問う我は
いったい何が
できれば良いのだ（25頁）

われてくだけて
さけてちるかも

実朝《さねとも》の歌に
想い、重ね合わせた
あの受容の葛藤（27頁）

乾かない
心であること
涙もまた
こころの
大地の潤いとなる（34頁）

どんな人でも
木石《ぼくせき》扱いするなかれ
みんなと同じです
在るんです
解るんです（39頁）

「貧しい発想」は、静かなプロテストの詩だ。

管をつけてまで
寝たきりになってまで
そこまでして生きていても
しかたがないだろ?
という貧しい発想を押しつけるのは
やめてくれないか
管をつけると
寝たきりになると
生きているのがすまないような
世の中こそが
重い病に罹《かか》っている（100～101頁）

「母の手」では、二〇代の「吐き気地獄」の日々と、苦しむ自分の背中をさすり続けてくれた母と父への感謝のことばがつづられている。

二〇代の約四年間、吐き気は「頻繁に発生する台風」(105頁)のように岩崎を襲った。穏やかに生きられ、周りに迷惑をかけず、自分が苦しまずに死んでいければいいと考え、自分の人生が「余生」としか見えなくなっていた(105~106頁参照)。

他方で、岩崎は、吐き気地獄の苦しみの渦中にあっても、自分のいのちの奥底に残る種火に気づく。

誰もがある
いのちの奥底の
熾火《おきび》は吹き消せない
消えたと思うのは
こころの　錯覚(106頁)

さらにまた、自分を支え続ける母と父の存在に気づく。「『自分は今、苦しみの地獄にいるけれども、そばにこうして背中をさすり、励まし、祈り続けてくれる人がいるではないか』」(108頁)。岩崎は、「僕の苦しみを自分の苦しみとして、そこにいてくれる人の存在」(109頁)のためにも、絶対に負けずに生きていこうと、背中の母に心の中で誓った。

「点滴ポール　Ⅱ」からいくつかの五行詩を引用する。

どんな
微細な光をも
捉える
眼《なまこ》を養うための
くらやみ（115頁）

ただの空が
ただの雲が
ただの風が
こんなにも
喜びになる（116頁）

萎縮した
肉に
萎縮した
心で
滅びたくない（117頁）

ここにいる　そこにもいる
目の前にいる普通の人こそ
知られざる
勇者であること
わたしは生きて知りました（122頁）

枯木《かれき》にも
そして自分にも
命の流れが
あることを思う
冬深夜（132頁）

どうしようもなく
孤独の時間に
こみあげた思いひそかに研ぎ澄ます
それを
凱歌《がいか》として突き貫くのだ（135頁）

すこし
光りの当て方をかえて
心を映しだす
新しい
旗を立てるために（157頁）

岩崎航の『震えたのは』（ナナロク社、二〇二一年）は、第二詩集である。「あとがき」で、岩崎は、今回は、前回と同様に、生き抜くという旗を掲げつつも、一人の障害者として発信し、社会の只中で生きる思いをこめたと述べている。（153頁参照）。「人と出会い、思いを感じることで生まれる化学反応は、せまかった自分の世界を広げてくれました。今まで自分で何とも思わずに受け入れていたこと、嫌なものは嫌だと言えること、自分で考えること、助けを求めること、大事の時に本心を折りたたまない大切さに、気づかせてくれました」（同頁）。
三つの五行詩を引用する。

しあわせ
輝く
こころの大地は

すべて自身で
拓けと母は（22頁）

父と母が
受けきった
かなしみ
そのままになんか
しはしない（29頁）

旗幟《きし》とは
所属でも立場でもない
人間としての旗幟
ただ一本
ひるがえす旗のことである（74頁）

生かされてあることのありがたさ、生きることの苦しみと喜び、家族や介護するひとに助けられて生きることへの感謝、体と心との応答、春風、木洩れ日、夏空、おじぎ草、ざんざ降り、夕景といった自然との交歓などが胸にしみいる。岩崎の五行詩は、意識の一瞬を切開し、凝縮させて、無類の世界を開いている。

4月 5月 6月

3月 7月

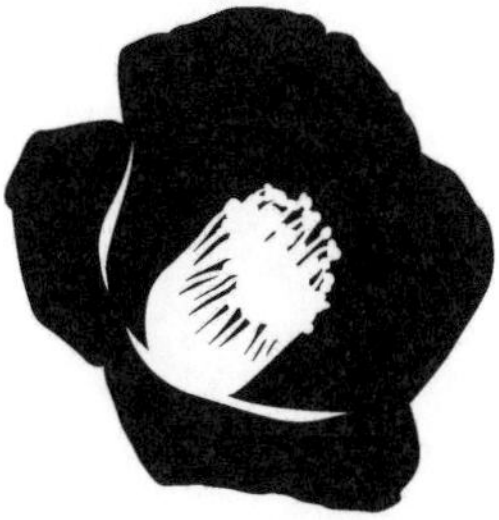

2月 8月

1月

ツバキ

敬愛

9月

12月 11月 10月

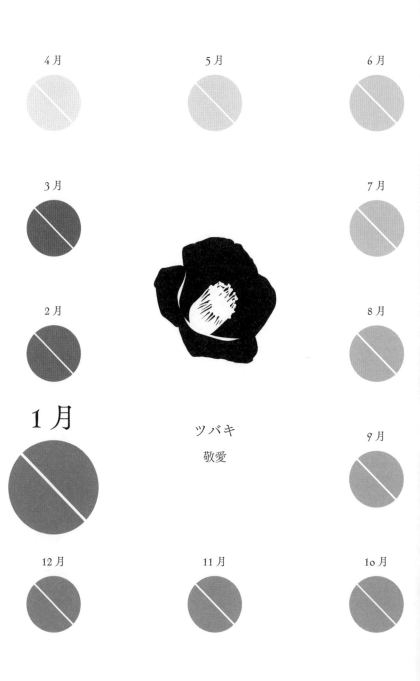

1月1日

母国語を離れて

――別のことばで考えることと書くこと――

イリナ・グリゴレの『優しい地獄』（亜紀書房、二〇二二年）は、自伝的なエッセイである。自分自身や家族、自分の病気や恋愛、身体、女性としての生きづらさ、地域や社会についての考えを述べたものである。グリゴレの個人史や家族史は、同時に、体制が変わる時代の一面をも浮き彫りにしている。

グリゴレは、一九八四年に、社会主義政権下のルーマニア南部の小村に生まれる。祖父母のもとで育ち、七歳のときに小学校に入学するため、両親が暮らす町の団地に移った。一九八九年に社会主義体制が崩壊し、チャウシェスク夫妻の最期の映像は、日本でも放映された。

後述するように、グリゴレは川端康成の『雪国』に感動し、日本語に興味をもった。二〇〇六年に奨学金を得て留学し、二〇〇九年には再度国費で留学し、現在（二〇二二年）は、弘前大学で非常勤講師をするかたわら、獅子舞の研究を続けている。

「生き物としての本　上」は、母から何度も聞かされた誕生風景の描写から始まる。誕生直後は母の乳が出ないため、陽気で丈夫なジプシーの女性の乳を飲ませてもらった。母はあるときこう言った。

「ジプシーの乳を飲んだせいで、あなたはずっとその日から自由を探している」（6頁）。グリゴレはこう思う。「その乳に含まれた野生のエキスは、私の性格に影響を与えたに違いないのだ」（6～7頁）。「生き物としての本　下」は、町に移ってからの生活の描写だ。「独裁者が殺害されて国の歴史が変わったのと同じ年、私の中の歴史も大きく変わった。（中略）社会主義の澱がよどんでいる、魂を失った人々の町に移ったのだ」（15頁）。両親の住んでいた団地から、一番貧しい地区の学校に通った。「道の途中には、まるでデスバレーのような深い穴が掘られたかなり広い空き地があって、ゴミに混ざって動物の死骸がたくさん投げ込まれていた。（中略）毎朝見かけるこの死の光景は、地獄そのものだった」（16頁）。貧しそうな子供たちはゴミをあさり、ゴミの山から顔を出してパンをかじっていた（17頁参照）。

町の生活でグリゴレを救ったのは本だった。グリゴレは読書に没頭する日々を過ごした。高校生になって手にしたルーマニア語版の『雪国』が、生涯の転機になる。「車内の若い女が自分と重なりあい、忘れがたい感覚を呼び起こした。本の中ではじめてこんなに自分と似ている人がいた。（中略）同じ車内に私もいたと叫びたいぐらい、自分の体が痛いぐらい懐かしかった。日本語を勉強し始めたきっかけは、そんな読書体験からだった」（18～19頁）。

「人間の尊厳」は、父の働く工場の描写を通じて、社会主義政権下の過酷な労働の一端を描いている。「完全に計画経済の子だったため、工場は彼らの身体を支配し続けた」（27頁）。グリゴレはこう述べる。

「社会主義とは、宗教とアートと尊厳を社会から抜き取ったとき、人間の身体がどうやっていきていくのか、という実験だったとしか思えない。あの中で生まれた、私みたいなただの子供の身体が何を感じながら育っていったのか。それは、言葉と身体の感覚を失う毎日だった」(31頁)。「社会主義でもなく、資本主義でもない世界があるとすれば、そこはどんな世界だろう。人の身体が商品にならない日がきっとやってくる」(32頁)。

「なんで日本に来たの?」は、留学生としての日本体験記であり、高校時代の回想記でもある。高校時代のグリゴレは、自分の考えをうまく他人に伝えられず、コミュニケーションに悩んでいたが(124頁参照)、『雪国』を読んで、「私がしゃべりたい言葉はこれだ」(同頁)と確信した。「何か、何千年も探していたものを見つけた気がする。自分の身体に合う言葉を。(中略)きっと新しい言葉を覚えたら身体が強くなる。日本語は、私の免疫を高めるための言語なのだ」(同頁)。日本語という外国語を学ぶことがグリゴレの自己解放に道筋をつけたのである。ある大学の日本語学科で日本語漬けの日々が始まった。二〇〇六年に奨学金を得て来日し、一年間滞在し、文化人類学を学んだ。三年後、日本で研究者になり、まだ誰も研究していないことをやりたいと決意を固めたグリゴレは、別の奨学金で再度来日した。

「社会主義に奪われた暮らし」は、社会主義政権の成立以前と以後の状況の変化を、祖父母の暮らしぶりを回想しつつ描いている。以前は、牛や馬は身近な生き物であり、「乾いた牛と馬のうんちを素手で集めることも違和感はなかった」(155頁)。庭で収穫した果物や野菜はその場で食べ(同頁参照)、平穏で牧歌的な生活があった。

しかし、体制が変わった。「馬も土地も国のものになり、若い時の暮らしは社会主義にとられたが、祖父の心と自由はとられなかった」(157頁)。祖父はマッチ工場で働かされることになり、早朝に電車で街に出て、午後に帰宅する生活に変わった。ある日、親指の半分が工作機械に切り落とされた(同頁参照)。グリゴレはこう述べる。「私は今『惑星ソラリス』にいると感じる。祖父母が今は失われた生活をしていたのは遠い地球だ。あの場所はドイツの大手スーパーに植民地化され、現在は昔からの習慣と文化を守る人などほとんどいない」(158頁)。

「パジャマでしかピカソは描けない」のおしまいの四行を引用する。「二〇二二年二月二十六日。歴史は私たち個人のレベルまで影響を及ぼす。ロシアによるウクライナ侵攻があった。私が小学生の時に住んでいたのとよく似た団地が砲撃を受けていた。部屋のなかのソファと机が剥き出しになっているのを見て戦慄した」(236頁)。

最後のエッセイは「紫式部」だ。グリゴレは、紫式部という植物の実から、作家・紫式部の実、見、身を連想してこう述べる。「女性の身とは、人類の始まりから実っていたこと、命が詰まっているクリエイティブな身であると共に、支配される身でもあるが、紫式部のように突破し、男並みの力を持つ身になれることを忘れてはいけない。これは全ての女の子に伝えたいと、授業でも知らないうちに口癖になってしまっている」（239～240頁）。

『源氏物語』への愛はこう表現される。「実は日本語でまだ読んでいないが、今更ながら、もしかしたら私は日本語を覚えようとしたのも日本語で『源氏物語』を読むためだった思うぐらい日本語で読みたくてたまらない」（240頁）。登場する全ての女性が著者の分身であるという評者の見解に抗して、グリゴレは、光源氏こそが著者・紫式部の分身であると見なしている。「自分の女性としての身体を知れば知るほど女性が嫌になる気持ちが私の共感するところなのだ。女性として生きる苦しさから解放されるため、書くしかないと彼女は早くから理解したに違いない。書くことによって男性と同じ扱いをされるからだ。そして自ら源氏になって、愛が不足している女性に向けて、愛と情熱を届けた」（241頁）。

毎日新聞の夕刊記事「母国語以外で見る世界」（二〇二二年九月一四日）に、「『日本語でしか書けないし、ルーマニア語では書きたいとは思わない』」というグリゴレの発言が引用されている。母語ではない言葉を通すことで世界が違う角度から見え、言いたいことを言えるようになるとグリゴレは考えている。この記事の執筆者の関雄輔は、こう結んでいる。「自分のための言葉を探す。そして、違う角度から世界を見る。それが生きづらい『地獄』で自分を失わないための方法なのだ」。母国語を離れることで羽ばたいた作家は少なくない。たとえば、中国人作家のイーユン・リーは、アメリカに移って、自国語では書きにくかったことを英語で表現できるようになった。ベンガル人のジュンパ・ラヒリも、母国語と英語との葛藤を経て作家として自立した。いずれの場合も、外国語は母語（生身の母のように、自分をいつくしむと同時に、骨がらみの桎梏ともなる両義的な存在）によって形づくられてきた自己をいったん解体し、そこからあらたによみがえる力を授けてくれるものとして現れる。ただ、それはひたすら幸福な出会いというわけではむろんなく、母語との緊張関係のなかで、つねに測定し、組み変えていかなければならない自己探求の道のりであることは言うまでもない。

ミラン・クンデラの『小説の技法』（西永良成訳、岩波文庫、二〇一六年）は、最初の評論集である。名エッセイストとしても名高いクンデラが、セルバンテス、カフカ、プルーストなどの作品について自在に語り、「小説とはなにか」を論じている。

クンデラは、一九二九年にチェコスロバキアに生まれる。プラハ音楽芸術大学を卒業後に、同大学で世界文学を講義した。一九六八年に「プラハの春」が挫折し、共産党独裁政権が確立され、クンデラは大学の職を追われ、小説は発禁処分になった。一九七五年にフランスに亡命し、八一年に市民権を獲得した。クンデラは、チェコ語で書いた作品の仏訳に多年を費やしたのち、自身もフランス語で書き始めた。グリゴレは、母国語とは違う言葉（日本語）に自己表現の可能性を求めて来日し、研究者の道に入ったが、クンデラは、フランス語で書くという強いられた運命を引き受けた。

本書は、「評判の悪いセルバンテスの遺産」、「小説の技法についての対談」、「『夢遊の人々』によって示唆された覚書」、「構成の技法についての対談」、「その後ろのどこかに」、「六十九語」、「エルサレム講演―小説とヨーロッパ」の全七部からなる。

第一部「評判の悪いセルバンテスの遺産」は、近代の創始者がデカルトだけではなく、セルバンテスでもあると確信するクンデラのセルバンテス讃である。セルバンテスは、人間の世界には唯一の絶対的な真理などというものは存在せず、誰もが相互に異論を唱え合う多数の相対的な真実に直面しなければならないと考えた（16頁参照）。ひとつの見解は別の見解によって相対化されるのであり、安易な二者択一や、二分法は許されないのだ。クンデラによれば、小説の精神は複雑性の精神であり、それぞれの小説は読者に「物事はきみが思っているより複雑なのだ」と告げるものであるが、この真実は問いに先行し、問いを排除する単純で迅速な答えの喧騒のなかでは消されてしまう（31頁参照）。「知ることの困難さと真実の捉え難さを語るセルバンテスの古い知恵などは迷惑で無益に思われるのだ」（32頁）。クンデラは、現代の状況をこうしるしている。「私たちの時代精神は今日性の上に固定されている。今日性は実に外向的で夥しいから、私たちの地平から過去を追い払い、時間を唯一現在の瞬間に還元してしまう。このような体系の中に加えられる小説はもはや作品（持続し、過去と未来を繫げるべきもの）ではなく、他の出来事と同じような今日の出来事、明日のない行為になってしまうのである」（傍点著者）（同頁）。クンデラはこうした悲観的な見方を示しながら、「評判の悪いセルバンテスの遺産」（小説の伝統）に執着し続ける意志を鮮明にしている。

第七部の「エルサレム講演」は、一九八五年にエルサレム賞を受賞したさいの講演原稿である。クンデラの小説観や人間観が示されている。

クンデラは、小説家とはみずからの作品の陰に身を隠す者のことだというフローベールの見方を手引きにしながら、小説を書くときになにが起こるかを語っている。作家自身が前面に出ると、作品は彼の所作、声明、立場などの付録と見なされかねない。「ところが、小説家は誰の代弁者でもなく、極論すれば彼自身の思想の代弁者でさえもない」(220頁)。

クンデラは、『アンナ・カレーニナ』執筆当時のトルストイについてこう述べている。「彼は執筆しながら、個人の道徳的信念の声とは別の声を聞いていたのだ、と。私なら小説の知恵と呼びたいものに耳を澄ましていたのです。あらゆる真の小説家は、個人を超えるその知恵に耳を傾けるのであり、これが偉大な小説はつねにその作者よりすこしばかり聡明だということを説明します」(220頁)。作家は、設計図に従って家を建てる建築家と違って、自分の構想を書きつぐなかで、知恵の呼びかけに促されて、自分が予想もしない場所へと連れていかれるのだ。小説の知恵は、いわば、神のうながしの声なのだ。

クンデラは、次に「人間は考え、神は笑う」というユダヤの諺を取りあげ、自分の想像を語る。「フランソワ・ラブレーに神の笑いが聞こえ、そのようにして最初の偉大なヨーロッパ小説の着想が生まれたのだ」(221頁)。

クンデラは、なぜ考える人間を見て、神は笑うのかと問いつつ、こう答えている。「人間が考えても、真実は人間から逃れるからです。人間たちが考えれば考えるほど、ひとりの人間の考えが別の人間の考えと食い違ってくるからです。そして、人間はみずからがそうだと考えている者ではけっしてないからです」（221頁）。われわれの自己認識はあてにならない。自分を知ろうとすればするほど、自分から遠ざかる。そのことを忘れて、誰もが言いそうなことしか言わず、付和雷同する者たちは、神の笑い者になるのだ。

クンデラによれば、ラブレーはアジェラスト（苦虫族、笑うことがなく、ユーモアのセンスを欠く者たち）が大嫌いで、恐れていたという（222頁参照）。「神の笑いを一度も耳にしたことがないアジェラストたちは、真実は明瞭であり、すべての人間は同じことを考えねばならず、じぶんたち自身はみずからそうだと考えている者だと信じこんでいるのです」（同頁）。モンテーニュは、自分が間抜けな愚か者であると知り、そういう自分を笑うことこそが大切だと考えていた。ラブレーは、窮屈な考え方に縛られ、依怙地になっていると神に笑われるほかはないと見ていた。ふたりは、「神が自分を笑う」、「自分が自分を笑う」と、視点はことなるものの、笑いに重きを置いていた。

この講演では、フローベールによる愚行の発見が、自らの科学的理性を誇っていた世紀の最大の発見であると見なされている。愚行は教育によって矯正されるようなものではなく、科学技術が進歩しても消えることはない。その進歩とともに、愚行も進歩するのである（226〜227頁参照）。「愚行とは無知ではなく、紋切り型の考えの無‐思考を意味しているのだ」（傍点著者）（227頁）。

クンデラは、ヘルマン・ブロッホが語ったキッチュについても言及している。キッチュとは、最大多数の者たちに気に入られたいために、みんなが聞きたがっていることを承認し、紋切り型の考えに奉仕する態度を指す。「キッチュとは、紋切り型の考えという愚考を美と感動の言葉に翻訳すること」（228頁）である。「現在では、近代性はマスメディアの途方もない活力と混同されて、現代的であるとは時流に遅れないための、もっとも順応的な者たちよりさらに順応的になるための狂おしい努力を意味します。現代性はキッチュの衣をまとったのです」（同頁）。

セルバンテスやラブレー、フローベールなどにとって、すぐれた芸術作品のためには、アジェラスト、紋切り型の無‐思考、キッチュが、「三つの頭をもつ同じ唯一の敵」（229頁）になるとクンデラは考える。個人の尊重や独創的な考え、私生活の権利などが脅かされつつある現代において、小説の知恵こそが尊重されるべきだというのがこの講演の締めくくりである。

1月2日

母国を離れて生きる

――多和田葉子と山崎佳代子――

多和田葉子の『エクソフォニー――母語の外へ出る旅――』（岩波現代文庫、二〇一二年）は、読み応えのある、刺激的な一冊である。本書は、著者の体験談にとどまらず、人種や差別、支配と被支配などに関して、誰もがなんとなく気づいてはいても、深く考えようとはしない問題を随所で鋭くえぐり出している。

多和田葉子は一九六〇年に東京に生まれる。高校時代に第二外国語としてドイツ語を習い始める。早稲田大学第一文学部ロシア文学科卒業。その後、ハンブルク大学、チューリッヒ大学の大学院で学ぶ。八二年よりハンブルクに在住。日本語とドイツ語による著作多数。

本書は、「初めに」、「第一部　母語の外へ出る旅」、「第二部　実践編　ドイツ語の冒険」からなる。第一部では、旅先の都市の名前がタイトルになっており、ダカールからマルセイユまで、全部で二〇だ。

「1　ダカール」の冒頭で、シンポジウムに参加した著者は、「エクソフォンな作家」という初めて聞く言葉で紹介されたと述べる（3頁参照）。「エクソフォニー」は、「移民文学」や「クレオール文学」よりも広い意味で、「母国語の外に出た状態一般」（3頁）を指している。著者は、「自分を包んでいる（縛っている）母語の外にどうやって出るか？　出たらどうなるか？」（7頁）という冒険的な発想に支えられているのが『エクソフォン文学』だと解釈している。植民地支配や亡命などによって、母語以外の言葉を用いることを強いられる場合もあれば、自発的に母語以外の言葉を選ぶ場合もあるが、著者は後者に該当する。「言語表現の可能性と不可能性という問題に迫るためには、母語の外部に出ることが、一つの有力な戦略になる」（10頁）。著者は、ドイツ語でも書くことによって、日本語で表現することの意味や射程を見直そうとしているのだ。

「3　ロサンジェルス」では、エクソフォニーとは無縁であったドイツの作家、トーマス・マンがひとつの話題として取りあげられている。マンはナチスの迫害を逃れてカリフォルニアに亡命し、英語も流暢に話していたが、文学作品はドイツ語でしか書かなかった。当時のカリフォルニアの気候、風土に適応できない亡命作家が多いなかで、マンはそうではなかった。なぜ英語で書かなかったのか、その理由は不明である。

ドイツ語作家には、エクソフォニーを嫌うひとが少なくないという。二〇年以上ロンドンに暮らす作家、アンネ・ドゥーデンは、ドイツ語でしか書かない理由をこう説明している。「ドイツ語という言語そのものの中に自分たちの背負っているドイツの歴史が刻み込まれている、ドイツ語を離れてしまったら、ドイツの歴史の中に切り込んでいくができない、だからドイツ語を捨てることができないのだ」（28頁）。「ドイツの歴史に責任をもたなければならないということだろう」（同頁）と、多和田は推測している。ドゥーデンは、ドイツの外にいても、ドイツという国の歴史を離れられずに生きている。

多和田は、逆に、いくつもの国を移動する作家だ。「今の時代は、人間が移動している方が普通になってきた。どこにも居場所がないのではなく、どこへ行っても深く眠れる厚いまぶたと、いろいろな味の分かる舌と、どこへ行っても焦点をあわせることのできる複眼を持つことの方が大切なのではないか」（32頁）。自分の狭い見方や偏見を注意深く遠ざけて、外の世界を柔軟に捉える姿勢の重要性を説く。

「4　パリ」では、ドイツ語でしか詩を書かなかったパウル・ツェランが話題である。ツェランの「詩人はたった一つの言語でしか詩は書けない」という言葉はよく引用されるが、ひとつの言語とはドイツ語のみを指すのではないと著者は言う（41頁参照）。彼のドイツ語のなかには、詩的な発想のグラフィックな基盤として、フランス語やロシア語などの多様な言語が網目のように織り合わされていると見なすからである（同頁参照）。著者は、ツェランを読めば読むほど、ひとつの言語はひとつの言語ではないと強く感じると言い、こう締めくくっている。「母語の外に出なくても、母語そのものの中に複数言語を作り出すことで、『外』とか『中』ということが言えなくなることもある」（43頁）。「内にいても外にいる」という在り方が実現されているということだ。

「8　ソウル」は、「エクソフォニー」異論だ。韓国の高齢者たちは、日本語を読むことを強制された世代だ。ロシア文学やフランス文学も日本語訳でしか読めなかった。かつて韓国が置かれた状況を想起しつつ、著者はこう述べる。「母語の外へ出る楽しみをいつも語っているわたしだが、日本人のせいでエクソフォニーを強いられた歴史を持つ国に行くと、エクソフォニーという言葉にも暗い影がさす。母語の外に出ることを強いた責任がはっきりされないうちは、エクソフォニーの喜びを説くことも不可能であるに違いない」（71頁）。著者は韓国に身を置いて、この国が中国という文化的巨人と日本という侵略国家の狭間で、徹底的に自分の言語の純粋性を求めるようになったのではないかという印象を受けている（同頁参照）。漢字を避け、ハングルだけにすると、昔の本や学術書が読めずに不便ではないかという著者の問いに、ある学生は、中国文化の巨大な影響を排除するためには漢字を使ってはだめだと答えている（71頁参照）。

「10　ハンブルク」は、「エクソフォニー」讃である。著者は、エクソフォニーの特色をこう表現する。「母語の外に出ることとは、異質の音楽に身を任せることかもしれない。エクソフォニーとは、新しいシンフォニーに耳を傾けることだ」（89頁）。著者は、「1　ダカール」でこう述べている。「この世界にはいろいろな音楽が鳴っているが、自分を包んでいる母語の響きから、ちょっと外に出てみると、どんな音楽が聞こえはじめるのか。それは冒険でもある」（7頁）。母語とは異なる言語を学ぶことによって、母語を見る見方が変わってくる。琴の奏者は、ハープの音を聴くことで、自分の奏でている琴の響きに注目する。言語であれ、音楽であれ、異質なものとの出会いには驚きや発見が伴う。それは、著者の言うように、冒険なのである。

第二部の「7　言葉を綴る」は、マサチューセッツ工科大学でドイツ語を学ぶ学生に作文を課したときの報告だ。日ごろは小説など読まず、日記も書かない学生たちが熱心にドイツ語の作文を書き始めたという。著者は、日本でドイツ語を勉強する学生にも、ドイツ語で日記を書くことをすすめている。日本語では恥ずかしくて書けないことも、ドイツ語では平気で書けることもあるという。「そうやって、毎日書いているうちに、綴られた文章の連なりが織物のようなもう一人の自分を生み出していくかもしれない」(193頁)。著者は、外国語の学習は、あたらしい自分を作ること、未知の自分を発見することにつながると言う(同頁参照)。著者によれば、日本語でものを書いていると、頭のなかに日本語と一緒にプログラミングされたタブーに触れないようにする機能が自動的に働く。そこで、他の言語で書くと、タブー排斥機能が働かなくなり、普段は考えてもみなかったはずのことを大胆に表現することができ、それが自己発見に結びつくという(同頁参照)。

読者は、本書のいたるところで、母語と外国語、言語と越境、言語と身体、文化間の差異といった問題についての鋭い指摘に出会う。著者の「母語の外へ出る旅」に同行してみてはいかがだろうか。

山崎佳代子の『そこから青い闇がささやき――ベオグラード、戦争と言葉――』(ちくま文庫、二〇

イ集である。

二二年)は、空爆が続く街にとどまり、戦火の状況や、人々の暮らしぶり、文学や希望を語るエッセイ集である。

山崎は一九五六年、金沢市に生まれる。北海道大学露文科を卒業。大学卒業を前にして、なにをしたらいいのか、どこへ行けばいいのか、答えの出ない問いを抱えていた著者は、出国を決意した(18~19頁参照)。「『大きな国』の言葉ではなく、『小さな国』の眼で観たら、世界はどう映るだろうか。ぼんやり、それを考えた」(19頁)。一九七九年、著者は、片道切符でユーゴスラビアへ旅立った。

サラエボ大学文学部で学んだあと、スロベニア共和国のリュブリャナ民族音楽研究所に移った。一九八一年からセルビア共和国ベオグラード市在住。一九八五年には、ベオグラード大学で、日本学科の仕事を始めた。その後、この地で戦争が起きた。セルビア・クロアチア・スロベニア人王国が母体となる多民族国家の旧ユーゴスラビアが崩壊する過程で、激しい民族紛争が勃発したのである。クロアチアで始まった内戦は、一九九二年にはボスニアにもひろがり、著者の住んでいたベオグラードの街には、故郷を失ったひとびとがあふれた(46頁参照)。同年の五月には、ユーゴスラビアに対して、ボスニア内戦の最大の責任国として国連制裁が科せられた。

一九九九年、NATOによるユーゴスラビアへの空爆が始まる。「最初の空爆は、難民センターに落ちて、死者はクロアチアやボスニアから来た難民女性だったと記憶する。(中略)『最初は、死者が名前で知らされる。それから数になる。最後は数もわからなくなる……』それが戦争だ。サラエボから脱出してきたブランコ・グリンフェルドが言ったのを思い出す。数、数、数のなかに、私たちは組み込まれていった」（156頁）。

同年の五月二七日、珍しく、空爆の犠牲者が名前で報じられる。ステファンとダヤナという小さな子どもたちだったからだ。ふたりは、著者と同じ集合住宅の四階に住んでいたが、停電中の住みにくい住宅を離れ、おじいさんの住む村に疎開中に空爆にあい、幼くして天国に帰った。本書の冒頭には、ふたりを悼む詩が捧げられている。

階段、ふたりの天使

ステファンとダヤナへ

生まれたその日から
小さな手をひろげ
愛のかけらをささげるために
私たちはやってきた

思いきり泣いて
そっとほほえんで

命と命がささえあい
階段をのぼりつづける
水と空気を
奪われ
光を消されても
手をつなぎ

命は命に
耳を澄まし
声もたてず
階段をのぼりつづける

天使が空に
かえった朝も
小さな足あとが
ただ闇にかがやき

だから
私たちは
のぼりつづける
天使が去った階段を

六月三日に、著者は東京で難民を支援する仲間たちに頼まれて、メッセージを送った。その一部を引用する。「大きな声にさえぎられた小さな声、隠された言葉に、耳を澄ましてほしい……。／今ここで、未来は私たちに何ひとつ約束しようとはしない。暴力と恐怖が、大きな声をたてている。（中略）／こどもたちに、これとは別の未来はありえないのだろうか。いや、別の未来があるはずだ。そして……耳を澄ましてほしい、じっと耳をかたむけてほしい、こどもが何を語ろうとしているのか聞いてほしい。耳を澄まして、新しい意味を見いだしてほしい。耳を澄ますこと、それは未来を開くこと。今ここで、私たちは戦火のなかに生きている。夜も昼も、非人間的な声が響き、私たちの命を脅かす。だが、それでもなお、人として生き続けたい」（184～185頁）。

六月の一〇日に、七八日間続いた空爆が停止された。

文庫版の「あとがき」のおしまいで、著者はこう祈っている。「いよいよ暗い時代となったが、善き言葉を人々が食物のように分け合うことができたらいい」（234頁）。

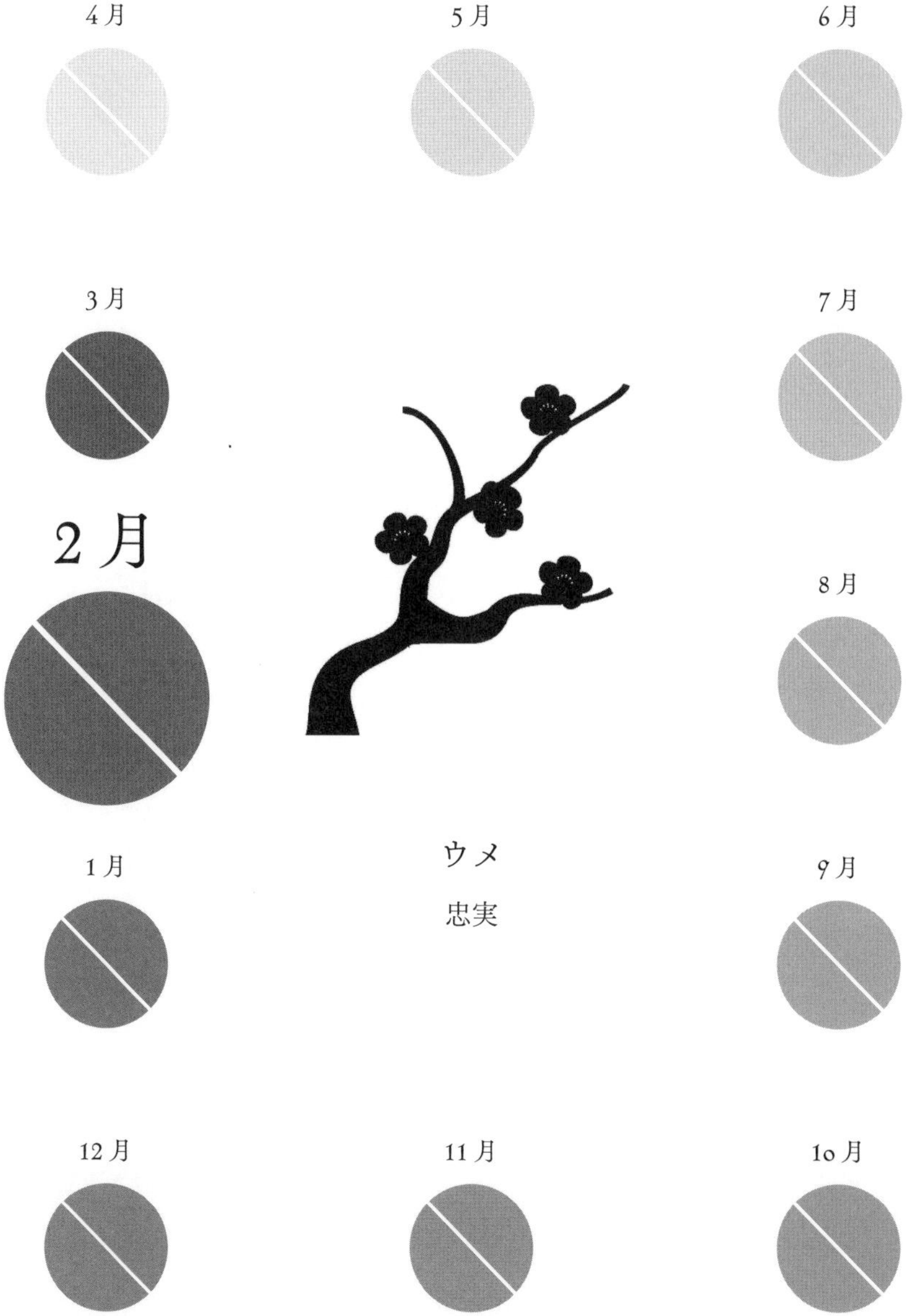
4月
5月
6月
3月
7月
2月
8月
1月
ウメ
忠実
9月
12月
11月
10月

2月 1

インドの衝撃、日本の驚愕

――作家、写真家、ジャーナリストの報告――

堀田善衛の『インドで考えたこと』（岩波新書、第七〇刷、二〇二一年）は、文句なしの傑作である。初版は一九五七年で、六五年以上も前に書かれたものだが、いまも読みつがれている。堀田は、一九五六年にアジア作家会議に出席するために、インドのデリーを訪ね、各国の詩人や作家と交流する機会を得た。

「はじめに」のなかで、本書の核心が述べられている。「人々が、この世の中について、人間について、あるいは日本、または近代日本文化のあり方などについて、新しい着想や発想をもつためには、ときどきおのおのの生活の枠をはずして、その生活の枠のなかから出来るだけ遠く出て、いわば考えてみたところで仕方のないような、始末にもなんにもおえないようなものにぶつかってみる必要が、どうしてもある、と思われる」（傍点著者）（i〜ii頁）。堀田がぶつかった手に負えないようなもの、それがインドだった。堀田は、インドを梃子にして、日本で身についた思考の枠組みを壊し、これまで考えもしなかった問題を根本的に考えなおそうとしている。初めて見るインドの風土、そこに生きるひとびとの暮らしぶりへの驚きと困惑が、堀田の思考的な自己変革の誘因になっている。「Ⅵ『怪奇にして異様なるもの』」のなかで、こう述べられる。「私はインドにいてときどきヒステリー気味になる自分を見出した。その理由はいろいろあるが、そのひとつに自分の知性乃至感性の幅だけではどうにもとらえきれないほどの広さ、始末におえぬ猥雑さというところまでときとして行くと見受けられる複雑さ、あるいは時間と能率にかかわるもの一切の、どうしようもないのろくささ加減に対する苛立ち、またそれが自分のなかに侵入して来ることのやりきれなさ、そういうものがあったと思う」（90頁）。堀田の見方によれば、われわれ日本人は「周辺のボヤケタ随筆的な限定」（傍点著者）（94頁）のなかに住んでいるために、海外に対して憧れや期待をもつ。しかし、その反面で、自国の文化や知性、感性がアジア大陸からどう見えるのかを的確に把握しきれていないのではと疑う。結果として、「いままでもわれわれはわれわれ自身とさえしっくり行きはしないであろう」（94頁）と考えている。他国を見て憧れるだけで、他国からどう見られているかを知らなければ、自国の理解には結びつかないということだ。

堀田は、幾度となく、夏目漱石のことばを思い起こしている。西洋と異なり、日本の現代の開花は外発的であり、皮相上滑りの開花でしかないが、やむを得ないので、涙を呑んで上滑りに滑っていかなければならないという見立てだ（47〜48頁参照）。堀田は漱石の見方を否定しはしないが、漱石とは違った考えをしたいと望んでいる。漱石にとって西洋は模範であったが、アジアへの視野は欠けていた。

堀田は中国やインドの一部を知り、アジアと西洋を比較することのできる立場を得た。それゆえに、こう言うことができた。「明治以来の、たとえば漱石や鷗外などとは別な、もっとちがった風な、そして違った風に、別な学問をしなければならないのではないか」(97頁)。

堀田の記憶はレーニンにもつながり、「おくれたヨーロッパとすすんだアジア」という、民族問題に関してレーニンが書いた短文の表題がふいに思い出されている。レーニンは、アジアの後を追うヨーロッパをこう表現した。「『(ヨーロッパの)資本家の貪欲な目的をみたすために、彼らがアジアで反動を支持していることぐらい、はっきりしているものはあるまい』」(97頁)。堀田は、レーニンやガンディー、ネルー、孫文、毛沢東、漱石、鷗外、内村鑑三、多くの政治家、先覚者たちの考え方をつき合わせて考えるひとの出現を望んでいる。そういうひとこそが、アジアにおける日本の土性骨をあらたに据えなおすことができるだろうと期待している(98頁参照)。

本書の白眉は、「XIII おれは生きたい」のなかの、エローラという場所にある奥深い洞窟の広間での経験を語った箇所だ。堀田は、正確な間隔で立っている石柱を何気なく、掌で叩いて、ぎょっとする。「なんともかとも気味と気持ちのわるい、しかも虚しさもきわまったようなこだまが、……ゴー……ボア……ルルル……ン、ゴーボア……ルル……ン、と陰にこもって何度も反響し洞内ぜんたいにひびきわたりはじめたのだ」(傍点著者)(197頁)。恐怖とパニックのあと、堀田は、虚しさの極まったような音に、自分自身の内部に相通じ、相互に反響し合うものがあることを実感する(198頁参照)。「この虚無の音を、自分にも通うものありと認めたならば、作家としてのこれまでの私は、これまで通りではやって行けなくなるのではないか——そういうことを本能的に、私は感じていたと思われる」(198頁)。

以下、虚無についての考察が続く。もっとも重要な箇所を引用しよう。「西欧の眼から見て，下等ながら決して死滅しそうもないと見える、死と虚無、無の思想を内に抱き、輝しい過去の遺産を正当に歴史化することに甚しい困難を感じながらも、アジアの諸民族は，前記のように見る西欧の政治的、経済的植民地支配に抵抗し、反抗し、そして、国内的には革命、人間解放にいたる、そういう歴史的な民族運動の過程を通じて、この実に扱いに困るような巨大な遺産をわがものとする、すなわち自らの歴史と化しつつあるのだと思われる」(209頁)。

本書は、アジアと西欧、アジアの極東の日本を同時に視野に収めた鋭い洞察と、インドの現実という鏡に自分をてらいなく映し出した秀逸な自己批判の数々によって、すでに古典の地位を獲得していると言えるだろう。十代、二十代の若者にぜひ読んで、自己と世界について考えてほしい一冊である。

この新書を読んで興味をもったひとには、高志の国文学館編の『堀田善衛を読む——世界を知り抜くための羅針盤——』(集英社新書、二〇一八年)も読んでほしい。池澤夏樹、鹿島茂、宮崎駿などが堀田の文学・思想の魅力について熱く語っている。

藤原新也の『印度放浪』（朝日文庫、二〇一九年）は、写真家で作家によるインド放浪記である。この本は、極東の島国にあって身についた、あるいは身につけされた思考の枠組みを容赦なく打ち砕く一冊である。「十五年目の自白」、「語録」、第一章、第二章、「あとがき」、「熱球の下」からなる。一九七二年に出版された。

著作を文庫化するにあたり、藤原はこう述べている。「この『印度放浪』は、私が二十三歳の時、はじめて熱球の下の大陸に遊んだときの記録である。はじめて、その土地を踏んだ一九六〇年代の終りのころ、日本はちょうど高度経済成長の最中だった。（中略）そういう状況の中で、私は大学を捨て、自分の経歴のすべてを捨て去るようなかたちでインドに行った。この国は貧困であった。ただ、そこに私が見たものは、その物質的貧困と同時に、あの、我我が今現在失いつつある、熱、であった。（中略）私はその国の熱にうかされた。そして地上における生きものの命の在り場所をはっきり見たし、合わせて自分の命の在り場所もはっきり見ることができた。それは、私の二十代の一つの革命だった」（420頁）。

「語録」のなかで、藤原はこう述べている。「たとえば堀田善衛が『インドで考えたこと』（岩波新書）の最後のあたりで、エローラの岩壁に掌をつくと、何とも気味わるい、虚しさのきわまったようなこだまがガラーンと響いてきて、わからなくなったと書いてるね。僕の旅は逆にそこから始ったような気がする。エローラでもどこでもいいんだけど、土なら土、岩なら岩というものにパッと手をついてみるところから、それを基準にして、いま人間の作りつつある機構を見ていこうじゃないか。片手に石を持って人の顔を見るとか、自分が人間として持ち得る根源的なもので対抗していきたい、そういう気分があったと思う」（傍点堀田）（30頁）。中年の堀田は、こだまを聴くことによって、思考を転換させる契機を得た。青年の藤原は、岩に手をつくことによって、ものを基準にして人間の作る機構を見る意志を固めた。

冒頭に置かれた「十五年目の自白」が面白い。藤原は、二十代の頃から「あなたは何故インドに行ったのか？」と繰り返し尋ねられうんざりしていたが、三十代半ばになって心境が変わる。藤原は、同じ質問をしてきた二人の青年に、かつて青年であった自分を重ね合わせ、こう回想する。「青年は何かに負けているようであった。／多分青年は太陽に負けていた。そして、青年は大地に負けていた」（20頁）。このあと、青年時代の自分は、人、熱、牛、羊、犬や虫に負け、汚物や花、パン、水、乞食、女、神、臭い、音、時間に負けていたと続く。要するに、「青年は、自分を包み込むありとあらゆるものに負けていた」（同頁）。藤原は、ふとわれに返ってつぶやいた。「……何か知らんけど／無茶苦茶に何でもかんでも、／負けに行ったんじゃないかなア。……最初の頃は」（21頁）。「え、負けに……ですか」（22頁）。「目の前の青年はちょっと驚いたようにそう言った」（同頁）。

藤原は、なぜインドに負けに行ったのだろうか。インドを旅しながら、ありとあらゆるものに負けているという意識がどのようにして生まれ、徹底的な敗北感をもつにいたった理由はなんなのだろうか。それは定かではない。しかし、藤原が自分の身をもっとも低くして歩きながら撮った写真には、自分の敗北を意識していないものには見えないものが写しこまれているように見える。人々であれ、生き物であれ、死者、風景、大地、太陽、大河であれ、それらはすべて荘厳の光を放っている。それらを前にして、藤原は「負けている」と認めたのだ。この敗北感を梃子にして、藤原は歩き始め、アジア各地を放浪した。

第一章、第二章は、藤原の眼と感受性と思考がインドの現実と交錯する章である。藤原の思考はとまどったり、はねたり、うねったり、きらめいたり、くすんだりしている。インド人の食べ方、排せつの仕方、ガンジス河のほとりでの火葬の光景などについての文章は、ただただ驚くばかりである。一つだけ引用してみよう。「汚れた犬が、炭のようになった人間の骨を、ガリガリ食っている。／何となくおもしろくないので、蹴とばそうとすると、こちらに向かって来た。ここでは、犬どもが人間と犬との関係をまったく知らない。／ぼくのことを、それは食べるものだと思っている」(234〜235頁)。

藤原は、自分の旅をこう表現している。「ぼくは、《旅》を続けた……多分に、愚かな旅であった。時に、それは滑稽な歩みですらあった。歩むごとに、ぼく自身とぼく自身の習って来た世界の虚偽が見えた」(301頁)。

ヒンドウ教についての文章が素晴らしい。その一部を引用する。「恐れずに言うと、地平線を見ること、これはヒンドウ教だ。傍にころがっている石や岩などを持ち上げてみること、これもヒンドウ教だ。月の軌跡を、その消え入るまで目で追って見ること、これもヒンドウ教だ。河に入って体を水にひたす、これもヒンドウ教だ。沼に降りて行って体に泥を塗りまくること、これもヒンドウ教だ」（303頁）。その他、旅、まったく動かないこと、歌うこと、花のにおいを嗅ぐこと、描いてみること、持ってみること、触れてみること、食べてみること、着てみること、裸になってみること、見てみること、見ないこと、在ること、行為などもすべてヒンドウ教に含まれている。「つまり、我々の中に失われつつあるもの、そのどれをとってみてもヒンドウ教だ」（同頁）。ヒンドウ教の世界には、暇があればすぐにスマホの画面に吸い寄せられて、延々と指先を動かしているひとがはるか昔に見失ったものがいまも生きているのだ。

『印度放浪』は、経済効率最優先、過度の清潔信仰といった、ある意味で正反対の価値観をもつ日本という国を相対化してみるのに最高の一冊である。

パーラヴィ・アイヤールの『日本でわたしも考えた　インド人ジャーナリストが体感した禅とトイレと温泉と』（笠井亮平訳、白水社、二〇二二年）は、日本に関する予断や偏見をもたずに初来日した著者が滞在中に経験したことの記録書である。日本人が日常見すごしていることや、不思議に思わないでいることが驚きをもって詳細に語られている。原題は *Orienting:An Indian in Japan* だが、日本語訳は、堀田善衛の『インドで考えたこと』と、椎名誠の『インドでわしも考えた』を念頭に置いて工夫したものだという。

著者は、インドを代表する英字紙『ヒンドゥー』の北京支局長およびジャカルタ特派員、インド有力経済紙『ビジネス・スタンダード』の欧州特派員を務めた。EU代表部に勤める外交官の夫の日本滞在に伴い、二〇一六年から二〇二〇年まで東京に滞在した。それ以前には、英国、中国、ベルギー、インドネシアに滞在している。

「日本語版への序文」、「プロローグ」と全一〇章からなっている。「プロローグ」で、いくつもの言い方をする日常会話へのとまどいが語られている。「thanks」は、中国語では「謝謝」ですむ。日本語では、「ありがとう」、「ありがとうございます」、「どうもすみません、ありがとうございます」、「よろしくお願いします」と多様な言い方があることを知った著者は、面倒な国だと面食らっている。日常会話でも困ることが多いのに、敬語や謙譲語をうまく使いこなすとなるとはるかに厄介だろう。

本書では、その他、落し物が戻る日本、金継ぎの技術、四季、禅、俳句、マンホール、教育と差別、選挙、温泉、トイレ、新幹線、企業などの話題が取りあげられていて、そのいずれもがわれわれ読者に、他者の目で自分を見るという新鮮な感覚をもたらしてくれる。

著者がもっとも感嘆していることのひとつは、新幹線のスピード、一日に三五〇本以上の運行本数、三六秒という年間の平均遅延時間であり、発車前数分間のルーティーン化された車内清掃の手際の良さである。多くの日本人には当たり前のことに見える日常が、インド人には驚異以外の何ものでもないのだ（158〜159頁参照）。

著者は、温泉地で入浴する際の条件が事細かに決められていることにも驚いている。タトゥーも水着もNG、裸になって入る、入る前に体をきれいに洗うといった日本人にはなじみの作法は、外国人にはすんなりとは受け入れがたいらしい（161〜162頁参照）。著者も最初は抵抗があったが、ある温泉で身体を浸した瞬間から、大の温泉好きに変わった。彼女は冷たい空気を吸いこみながら、摂氏四二度のお湯にうっとりし、一茶の「初雪のふはふはかかる小鬢哉」を思い出していた。その直後、タイ人の女性二人、次に子供を連れた若い中国人女性が現れて、浴場のルールを無視したふるまいをした（164頁参照）。「温泉における秩序の崩壊状態にショックを受けたわたしは、よろめきながら洗い場のところまでたどり着いたのだが、そこにはブロンドの女性がおり、全身タトゥー姿なのをまったく気にすることのない様子でシャンプーをしていた」（164頁）。

著者は、自国と日本の違いをゆったりとした態度で見つめながら、ユーモアも交えて、感じたこと、気づいたこと、考えたことなどを書き記している。本書は、日本人が自国、そして自分自身を見つめ直すために役立つ本であることは確かだ。

2月2

バンコクからの報告

――アジア管見――

プラープダー・ユンの『新しい目の旅立ち』（福富渉訳、ゲンロン、二〇二〇年）は、旅の途上での人間と自然についての思索、島民との交流や島の印象を克明に書きとめたものであり、文明批評でもある。本書は、序文に続く、「1．黒魔術の島――あるいは、時間のレンズの中のスピノザと蛍についてのまやかし――」、「2．魔女　ソロー　魔術師　テロリスト――そして心騒ぐ孤独――」、「3．まやかし」からなる。

ユンは、一九七三年にバンコクに生まれた。一四歳で渡米し、デザイナーとして働き、二六歳で兵役のため帰国し、その後執筆活動を始めた。二〇〇二年に、短編集『可能性』で東南アジア文学賞を受賞した。

ユンは、本を書き始めて八年が経つ二〇〇七年頃に、次第に自分に違和感を覚えるようになった。「同じ引き出しを開けては古い持ち物を引っぱり出して、それを使って自分の思いや考えを書いていることに、ぼくはうんざりしていた。リサイクルだけで生計を立てているぼくは知のペテン師なんだという気持ちが、無視できないくらいに心の奥深くまで食いこんでいた」（13頁）。ユンはこの現状を打破するために、思考回路を根本的に組み変え、息の吸い方さえも変えなければならないと考える。「吐く息のひとつひとつが、自身への失望の嘆息になってはいけない。その吐く息は、再び息が吸えるという興奮を伴った本物の吸気になるべきだ」（14頁）。過去の遺産にすがって生きているだけの自分を脱皮して、あたらしい自分を再生させるための模索が続いた。ユンは二〇〇九年に、「日本とフィリピンの現代美術と文化に見られる自然汎神論の新たな兆候」というテーマを選び、日本財団が主宰していたAPIフェローシップの助成金を申請した。それが受理されてフェローに選出され、フィリピンと日本を訪れることになった。ユンは、この旅が、自分の「頭の中にあるものへの飽き」（21頁）を除去し、なにかしらあたらしいものをもたらしてくれることを期待した。ユンはまた、「汎神論の思想が、現代の環境危機に対しても応用できるかもしれないという考え」（186頁）を抱いてもいた。

第一章の初めの方で、ユンは、フィリピンで計画していた主な調査（少数民族や、「自然」に関連した活動をする芸術家との対話、「汎神論」に関する書物を探し出して読むこと）を行ったが、それらが自分の思考の枠組みを壊すまでにはいたらないことに気づく。ユンが見たもの聞いたものは、ユンが見たい、聞きたいと思ったものでしかなく、あたらしい発見はなかったのである（33頁参照）。

ユンは、フィリピンの作家たちとの会話のなかで出た「シキホール」という名前が気にかかる。これは、フィリピンのヴィサヤ諸島に位置する島の名前である。「黒魔術の島」とも呼ばれるこの島は、謎めいた島と見なされ、地元のひとからは恐れられ、警戒されていた。魔女によって発狂させられたひとがいるという噂話も広がっていた。ユンはこう考える。「霊から直接、あるいは霊魂と交信できる人々から話を聞くことで、僕が予測できる範囲より多くのものを得られるかもしれない」(36頁)。しかし一方で、ユンは、黒魔術による呪力を信じず、魔女や祈祷師も実際にはいないと考えていた。そうした両義的な見方を保ちながら、ユンは島の人々の慣習や生き方、信仰の継承について理解したいと願っていた(42頁参照)。

ユンが注目している世界についての三つの「階層」分類が興味深い。第一の階層は、「『神聖なるもの・超自然なるもの』(唯一神、神々、阿羅漢、天使、女神、サタン、妖魔、霊魂、森の精などなど)」(41頁)。である。この超自然的な階層にはよき意志と凶暴さ・残忍さが含まれ、善と悪に二分されている。第二は、「神聖なるもの」(同頁)の生み出す「『人間』」(同頁)の階層であり、第三は、動物、病原菌、植物、石、砂などの「『自然』」(42頁)の階層である。「神聖なるもの」は、多様なルールを規定し、人間を教え諭し、苦痛からの解放を可能にしてくれる。他方で、人間は、決意して、自分を「神聖なるもの」に捧げることによって、その階層へ到達できる可能性をもつと見なされている。「自然」にはこうした変身の可能性はない。(41〜42頁参照)。現代の人間中心主義者たちは、第一の階層を異端視して排除するし、自分たちが「神聖なもの」から生み出されたなどとは考えようとしないだろう。資本主義の世界では、しばしば、人間は交換可能な人材と見なされている。彼らにとっての「自然」は、しばしば支配や搾取、略奪の対象であり、経済的な利益を得るための資源としか見なされていない。ユンは、こうした三階層論に関心を払う一方で、汎神論的な見方を強調したスピノザの思想に強く惹かれている。スピノザの「神あるいは自然」という思想は、人間こそが自然の支配者であるというおごり高ぶった見方を打ち砕き、神と自然を同等視して、人間からは至高の地位を奪い去る。ユンは、スピノザの思想をこう理解する。「神が自然で自然が神ならば、自然であるどんなものも同時にすべて神であるということになる」(55頁)。ブラックホールも、犬や蟻のフンも、善や悪と見なすものも、美しいものも醜いものも、香るものも臭いものもすべて神の地位をもつのだ(56〜57頁参照)。これは、世界の見方を一変させる画期的なものだ。万物が神聖を帯びて荘厳な光を放つようになるからだ。ユンは言う。「汎神論者とは、善も悪も、美も醜も、そのすべてが神聖であるという理由から、命をもつことに陶酔し、自然の一部になることに感銘を覚える人々だ」(59頁)。人間も「『神あるいは自然』」(60頁)の例外ではない。「ぼくたちもそれぞれみな神なのだ」(同頁)。

第二章では、アメリカの作家、H・D・ソロー(一八一七〜一八六二)が主題だ。ソローは白人中心の社会を批判し、奴隷制の廃止を主張した反体制的な思想家のひとりだった。税金の支払いを拒否し、投獄された経歴ももつ。ソローは、詩人R・W・エマーソン(一八〇三〜一八八二)の影響を受けた。ウォールデン池畔の小さな木の小屋で自給自足の生活をした。エマーソンは、人間は神聖を宿す自然の一部であり、自然に従って生きるべきだと考えた。エマーソンは、人間には、動物的な欲望という自然に固執するタイプと、霊感や奇蹟などの自然に固執するタイプがあると見なした。ソローは山小屋で質素な生活をし、自然と共に過ごす暮らしが最高の価値をもつことを著作によって訴えた。ソローの本は、産業技術社会に批判的なひとびとや、環境意識に目覚めたひとびとにとって「聖典」となった（102頁参照）。ソローの思想は、ユンの自然観に対して、スピノザの思想と同様、強い影響を与えている。

次の主題は「魔女」との出会いだ。「魔女」は地元の言葉では「マナナンバル」と呼ばれ、「伝統医」と訳される。外部の人間は、それを「魔女、祈祷師」と呼んでいるが、ユンにマナナンバルのひとりを紹介してくれたマックスによれば、「伝統医」は、民族知をそなえた「治療者」であり、訪問者の健康を診断し、治療方法を教える。ときには、治療のために呪文を唱えたり、神聖な儀式をおこなったりするという。

マックスが仲介してくれたのは、「花柄の服を身につけた、灰色に白の混じる濡れ髪の老婆」（119頁）だった。七〇過ぎと思われるその女性は、ユンの左手首を静かに掴んでしばらくしてから、ストレスを軽減するという理由で、握った拳も持ち上げ、唇のあたりに寄せた。ユンの左手首には老婆のつばで湿った米粒が塗りたくられた。彼女の口からは、祝福の言葉か、まじないか、呪いかなにかの言葉が塊になってあふれていた（124頁参照）。二、三日経っても身体的、精神的な変化は見られず、ユンは失望した（134頁参照）。

この章で、もう一度、スピノザの思想が検討される。神と自然（万物）の同一性を強調するスピノザの視点を共有するとすれば、自然と人間を分離して考えたり、人間による自然破壊に抗して自然保護を訴えたり、自然に帰ろうとするのは、人間が自然の一部でしかないということを忘却した傲慢なふるまいに他ならない。人間が自分たちの外部に想定した自然に、人間の勝手な都合で「愛護」とか「搾取」とかいった態度で関わるのは、人間の自然性をないがしろにすることなのだ。しかし、万物と神を一体化する立場は、現実に存在するすべてのものの肯定に結びつくが、善も悪も、美も醜もすべてひっくるめて肯定することは、多くのひとには受け入れがたいであろう。

第三章では、アッシジの聖フランシスコのキリスト教的な自然観が照射されている。聖フランシスコは自然の細部に神の存在が反映されていると考え、人間やそれ以外の生物、無生物を区別しなかった。すべての動物、山や崖、森の木々、太陽や月、病までもが人間の親類になった（206〜207頁参照）。彼にとっては、自然は神が創造したものであり、それゆえに、「人間が崇め、畏怖するもの」（207頁）になった。人間が自然を愛するのは、自然を創造した神を愛していることを神に示すためであった（209頁参照）。

ユンは、スピノザの思想のなかに、聖フランシスコやソローの自然観とは異なる側面を見ている。それは、スピノザの政治や統治論に関連するものである。スピノザの「階級の存在しない多元主義的な社会認識」（212頁）は、マルクス主義者のアントニオ・ネグリに影響をおよぼした。ユンはまた、スピノザの思想がフランスの哲学者のジル・ドゥルーズや、現代の心理学や神経学にも影響力をおよぼしている点に注目している。ユンはスピノザの着想を受けて、「人間と自然（あるいは神）は、ひとつの身体だ。だが人間も、その身体における他の部分とは異なった特徴をもつ様態なのだ。それゆえ、人間の行為と生には、それ自体のための空間が存在する」（214頁）と述べる。だからこそ、人間がなにを考え、なにを行っているかを丁寧に見ていく必要があるというのだ。

ユンは多種多様な自然観を検討した結果、汎神論が地球環境の保護に貢献しうるのではないかという当初の見立てを自己批判する。「結局その考えは、中産階級以上の人々の中にだけ存在できるロマンティックな思想の泥沼にはまっていた」（191頁）。それは、「まやかし」に過ぎなかったというわけだ。ユンは、シキホール島での経験や読書、思索を通じて、「社会の構造とそのシステムを見つめなおすことになった」（194頁）と総括している。「ぼくはロマンティックな思想の壁の中を、長いあいださまよっていた。そしてついに、シキホールの美しい姿容とスピノザの呼び声が、ぼくを壁の外に連れ出した。そして、ふりかえってその壁を眺めることができるくらいに、ぼくは壁から離れた。／ぼくは都市の人間だ。そしてぼくは生きていきたい」（223頁）。こうして、「自己発見」につながる長い思索の旅が終わった。

ユンの真摯な思索は、人間と自然の関わりを見直し、資本主義的な成長と地球環境の破壊の行く末を考え直し、汎神論的な世界観と物質的な世界観を再考するためにも有益な示唆を与えてくれる。

福富渉の『タイ現代文学覚書――「個人」と「政治」のはざまの作家たち――』(風響社、二〇一七年)は、ブックレット《アジアを学ぼう》シリーズの四四冊目である。タイ文学に興味をもつひとのための案内書として書かれ、筆者が交流した作家たちの活動も記録されている。「はじめに　脚注なきタイ文学に向けて」、「タイ文学小史」、「二一世紀のタイ文学の潮流」、「独立系書店と地方の作家」、「おわりに　タイ文学のこれから」からなる。

一九七〇年代から八〇年代にかけては、トヨタ財団の「隣人をよく知ろう」プログラムや大同生命国際文化基金の「アジアの現代文芸」シリーズで文学作品の翻訳・出版がなされた。九〇年代以降となると、タイ文学の紹介は散発的なものにとどまっている(6〜7頁参照)。

「1　タイ文学小史」では、現代のタイ文学を代表するプラープダー・ユンの作品を起点として、近現代のタイ文学史が概観されている。一九五〇代に文学者たちに浸透した「生きるための文学」を取りあげてみよう。この文学活動にかかわった作家たちは、虐げられた弱きひとびとの声を代弁し、政治的・社会的課題を作中に反映させ、さらには理想的な政治と社会の在り方を提示する作品を生み出し、人々を導く知識人としての役割を担うべきだと考えていた(11頁参照)。その後、この活動の影響力は薄れ、作家は「創造的な著作」を執筆する個人として定義された。「生きるための文学」から「創造的な文学」へのパラダイム転換は、「社会主義」から「個人主義、実存主義」への変化として語られることも多い(13頁参照)。

「2　二一世紀のタイ文学の潮流」では、タイ文学が「孤独の文学」と「政治の文学」に大別されている。前者では、個々の人間の孤独や苦悩や挫折を描く小説群が紹介され、後者では、現代タイの政治的混乱や軍事クーデターを色濃く反映した小説がいくつか取りあげられている。あたらしい傾向としては、個人と政治のはざまで揺れ動く人間を主題にした小説も生まれている。

「3　独立系書店と地方の作家」では、一九七〇年代以降の書店をめぐるバンコクと地方の状況が報告されている。一九九七年のアジア通貨危機によって、小中規模の書店・出版社は倒産や規模の縮小を余儀なくされたが、大手出版社が経営する書店チェーンは規模を拡大した。他方で、「独立系書店」と呼ばれる小規模書店が増え始めている。店主の個性を反映した特色のある本が並ぶこれらの書店は、社会が激動するなかで、ひとびとが集まる知的交流の場にもなっている。バンコクでは、最近新しい書店が雨後の筍のように出現し、「おしゃれなブックカフェ」も増えているという。書店が激減する一方の日本とは異なるようだ。

二〇一六年に「タイ現代文学、若手作家の特色」と題するセミナーに参加した著者は、こう感想を述べている。「彼ら新世代の作家たちは、自らの人生やそれを取り巻く社会に対して、無関心で無気力、ある種の『諦念』ともいえる境地に達してしまっているかのように見えた。それはもしかすると、多感な年齢の、作家としての歩を踏み出すか踏み出さないかの時期に、激しい政治の季節を経験してしまった反動なのかもしれない」（63～64頁）。テーマの如何にかかわらず、文学が個々の状況から生み出されるのである以上、軍事独裁政権下の閉塞した空気が若手作家の作品に反映されるのは当然と言えよう。

本ブックレット《アジアを学ぼう》シリーズは、興味深いラインナップだ。南部フィリッピンのイスラームとキリスト教、ジャイナ教徒における採食・托鉢・断食の生命観、あるペルシャ系ユダヤ人の半生、インドで闘う仏教徒、チベットのロックスターなど、読まなければ知らないままに終わる世界の出来事が報告されている。一冊でも読んで、アジアを、世界を見る目を鍛えてほしい。

4月　5月　6月

3月

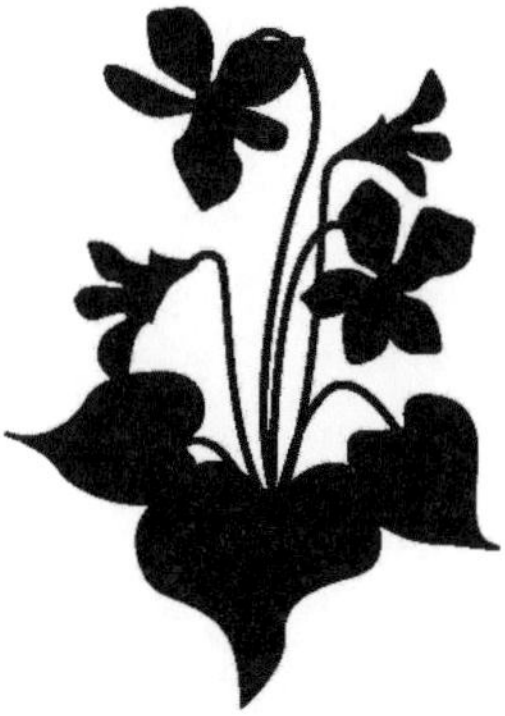

7月

2月　8月

スミレ

誠実

1月　9月

12月　11月　10月

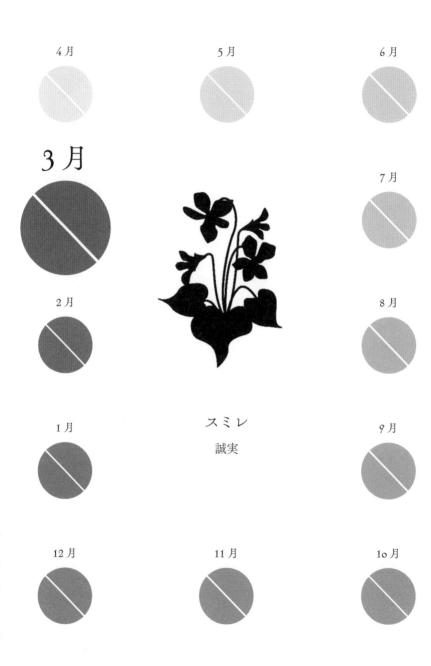

3月1日

『夜と霧』
――心理学者の強制収容所での体験報告――

ヴィクトール・E・フランクルの『夜と霧』［新版］（池田香代子訳、みすず書房、二〇〇二年）は、霜山徳爾訳による『夜と霧――ドイツ強制収容所の体験記録――』［フランクル著作集1］（みすず書房、一九六一年）の新訳書である。旧訳の末尾に収められた四五枚の写真や図版は、新訳では削除されている。旧訳の「解説」には、戦後、イギリス占領軍の戦犯裁判法廷の法律顧問を務めたラッセル卿による強制収容所の詳細な全貌報告が加えられている。この報告を読むと、支配権を握った強者が被差別者や弱者や病者などに対して加えた仮借ない暴力にことばを失う。強制収容所は、ドイツ以外にもポーランド、オーストリア、オランダ、ベルギーなどにも作られた。犠牲者は六〇〇万人以上にのぼると言われている。ユダヤ人であるという理由だけで自分の肉親や親族をナチスによって殺害されたフランスの哲学者・レヴィナスは、人間同士の関係が暴力に行き着くことのない在り方を主題にした『存在の彼方へ』（合田正人訳、講談社学術文庫、一九九九年）の冒頭でこうしるした。「国民社会主義によって虐殺された六百万人の者たち／それればかりか、信仰や国籍の如何にかかわらず、／他人に対する同じ憎悪、同じ反ユダヤ主義の犠牲になった数限りない人々／これらの犠牲者のうちでも、もっとも近しい者たちの思い出に」（3頁）。

『夜と霧』の原題は、「ひとりの心理学者、強制収容所を体験する」だ。この訳書は、二〇〇〇年末に行われた「読者の選ぶ二一世紀に伝えるあの一冊」というアンケート調査で、翻訳書部門の第三位に選ばれた。『夜と霧』というタイトルは、夜の暗闇のなか、霧にまぎれてひとびとが連行され、消え去ったという歴史的な事実を暗示している。そのなかには、ユダヤ人だけでなく、ジプシー、同性愛者、社会主義者なども含まれていた。さらにその背後には、意識的にせよ、無意識的にせよ、彼らの連行に協力する普通のドイツ市民が多数存在していた。

一九六〇、七〇年代に若者であった世代には、この本を読んで息苦しくなり、身震いするような恐怖を覚えたひとが多くいたに違いない。筆者も大学時代に読んで、状況次第で人間が残酷で暴力的な存在に変わりうるという事実に打ちのめされた。「自分が加害者、あるいは被害者のひとりだったらどうしただろうか」と、自問自答する時間が続いた。

訳者の池田は、「今この本を若い人に読んでもらいたい、という編集者の熱意に心を動かされ」（166頁）、改訳を引き受けたという。筆者も編集者の熱意に共感する。世間ずれした中高年齢者が仮にいま『夜と霧』を読んでも、「人間とはなにか」という問題を深刻に考え始めるとは想像しにくい。しかし、若い世代がこの本を読めば、強大な権力を手中にした人間の途方もない傲慢さや、抑圧された人間が生きのびるために示す保身のずるさ、自分がいかに苦しくても、隣人にやさしく接する態度などに触れることで、自らの日常がすべて転覆させられるような感覚を味わうことだろう。若者に限らず、われわれ大人全員にも、人類は歴史からなにを学んできたのかという痛切な反省を強いる本である。

今日でも、大国の軍事的暴力の犠牲になる市民は増え続け、故国を離れざるをえない難民の数も膨れあがっている。強者は、敵を打ち砕く野望を満たすことに執念を燃やし、弱者の悲痛な苦しみや悲しみ、痛みをほとんど顧みることはない。

本書は、「心理学者、強制収容所を体験する」と、「収容」、「収容所生活」、「収容所生活から解放されて」の三段階に分かれている。冒頭で、フランクルは、本書が事実の報告ではなく、自分自身に強制収容所がどのように映ったかを問うために書いたと述べる。ラッセル卿は、強制収容所で行われていた事実経過を冷静に客観的に記述したが、フランクルは自分の身近で起きたことに対して、自分の心理的な反応も含めて描いた。

第一段階の「収容」は、フランクルも含め一五〇〇人を乗せ、何日も昼夜ぶっ通しで走った列車がアウシュヴィッツに到着した場面から始まる。ガス室や焼却炉での労働を強いられていたグループは、時期が来れば次のグループと交代させられて、犠牲者の側に回されていた。事情の飲みこめていないひとのなかには、「死刑を宣告された者が処刑の直前に、土壇場で自分は恩赦されるのだ」（14頁）という「恩赦妄想」につかれたひとがいた。しかし、現実は過酷だった。ひとりひとりの体をチェックする親衛隊将校の人差し指が左を指すか右を指すかで、披収容者の生死が決まった。働けそうにないひとは左を指示され、ガス室で殺害され、焼却室に送られた。

ガス室行きをまぬがれた被収容者は脱衣場へ押しこまれた。親衛隊員が命令を発する。「『二分の猶予をあたえる。自分は時計を見ている。二分以内に、衣服をすべて脱げ。すべてをその場に置け、なにも携帯してはならない。靴もベルトもズボン吊りも、眼鏡も脱腸帯もだ。二分で停止を命じる。始め！』」(22頁)。別室では、全身の毛をそられ、シャワー室に追いたてられた。水が降り注いだため、ひとびとは歓喜し、幸運をかみしめた。しかし、彼らは身ぐるみ剥がされて「裸の存在」へと追いやられたのである。

第二段階の「収容所生活」では、到着後の数日の間に起きた変化が語られる。「被収容者はショックの第一段階から、第二段階である感動の消滅段階へと移行した。内面がじわじわと死んでいったのだ」(33頁)。見るに耐えられないような光景を見ても、「心が麻痺して」(35頁)、なにも感じなくなっていったのだ。「感情の消滅や鈍磨、内面の冷淡さと無関心。これら、被収容者の心理的反応の第二段階の徴候は、ほどなく毎日毎時殴られることにたいしても、なにも感じなくさせた。この不感無覚は、被収容者の心をとっさに囲う、なくてはならない盾なのだ」(37頁)。

フランクルの観察によれば、内面生活が未熟な段階に引きずりおろされていく多くの被収容者とことなり、わずかながら「内面的に深まる人びと」（58頁）もいた。もともと精神的な生活をしていた感受性の強いひとびとは、収容所生活という困難な状況下でも、おぞましい世界から身を引き、世界の自由な国、豊かな内面へ立ち戻ることができたという（同頁参照）。彼は自分の内面をこう表現している。「収容所に入れられ、なにかをして自己実現する道を絶たれるという、思いつくかぎりでもっとも悲惨な状況、できるのはただこの耐えがたい苦痛に耐えることしかない状況にあっても、人は内に秘めた愛する人のまなざしや愛する人の面影を精神力で呼び出すことにより、満たされることができるのだ」（61頁）。

フランクルはこうも述べる。「資質に恵まれた者が収容所生活で経験する内面化には、空しく殺伐とした現在や精神的な貧しさから過去へと逃れるという道も開いていた。一心不乱に、想像を駆使して繰り返し過去の体験に立ち返るのだ。たいした体験ではない。過去の生活のありふれた体験やごくささいなできごとを、繰り返しなぞるのだ」（64頁）。過去のこまごましたことを掘り返していくと、ひとつひとつの追憶に胸が張り裂けそうになったり、悪事の数々に後悔したり、悲しんだり、涙を流すこともあるが、そうした生々しい回想の時間は、悲惨な現在の苦痛を弱める効果をもつのだ。

被収容者のなかには、自然や芸術の美しさに感動するひとびともいた。「わたしたちは、アウシュヴィッツからバイエルン地方にある収容所に向かう護送車の鉄格子の隙間から、頂が今まさに夕焼けの茜色に照り映えているザルツブルクの山並みを見上げて、顔を輝かせ、うっとりとしていた。わたしたちは、現実には生に終止符を打たれた人間だったのに――あるいはだからこそ――何年ものあいだ目にできなかった美しい自然に魅了されたのだ」(65頁)。彼らは、今まさに沈んでいく夕日とともに微妙な色合いで変化する雲にも見とれた(65〜66頁参照)。誰かが口にした。「『世界はどうしてこんなに美しいんだ!』」(66頁)。

フランクルは、ユーモアが「自分を見失わないための魂の武器」(71頁)と考えた。「ユーモアとは、知られているように、ほんの数秒間でも、周囲から距離をとり、状況に打ちひしがれないために、人間という存在にそなわっているなにかなのだ」(71頁)。彼は仲間に、「毎日、義務として最低ひとつは笑い話を作ろう」(同頁)と提案し、お互いに自作を披露し合った。「ユーモアへの意志、ものごとをなんとか洒落のめそうとする試みは、いわばまやかしだ。だとしても、それは生きるためのまやかしだ。収容所生活は極端なことばかりなので、苦しみの大小は問題ではないということをふまえたうえで、生きるためにはこのような姿勢もありうるのだ」(72〜73頁)。

他方で、フランクルは自分の置かれた現実をこのように認識していた。「強制収容所の人間は、みずから抵抗して自尊心をふるいたたせないかぎり、自分はまだ主体性をもった存在なのだということを忘れてしまう。内面の自由と独自の価値をそなえた精神的な存在であるという自覚などは論外だ。人は自分を群集のごく一部としか受けとめず、『わたし』という存在は群れの存在のレベルにまで落ちこむ。きちんと考えることも、なにかを欲することもなく、人びとはまるで羊の群れのようにあっちへやられ、こっちへやられ、集められたり散らされたりするのだ」（82頁）。フランクルは、こうした状況は、「その状況をみずから体験した人にしかわからないだろう」（87頁）と言う。

われわれは、ふだん当然のように自分を自由で主体的な存在であると感じ、自由意志のままに生きることができると思っている。ではひとたびフランクルのような過酷な状況に陥った人間にとって、自由とはなにを意味するのだろうか。それは、完膚なきまでに略奪されることによって、すべての意味を失うのだろうか。フランクルはそれを否認し、このような経験を経てこそ、ひとは自由の深い意味へと降りていくことができるのだと考える。このあたりから、本書のもっとも白熱した思考がうねり出す。

収容所に閉じこめられた人間の精神病理学的な解明によれば、「人間の魂は結局、環境によっていやおうなく規定される、（中略）との印象をあたえるかもしれない」（109頁）。しかし、彼はそれに異議を唱え、「人間の自由はどこにあるのだ」と問いかける。たしかに、フランクルは、「収容所で披収容者を打ちひしぎ、ほとんどの人の内面生活を幼稚なレベルまでに突き落とし、披収容者を、意志などもたない、運命や監視兵への気まぐれの餌食とし、ついにはみずからの運命をその手でつかむこと、つまり決断をくだすことをしりごみさせるに至る、感情の消滅や鈍磨」（104頁）について述べた。だが他方で、フランクルは、過酷な状況にあっても、感情の消滅を克服したひと、感情の暴走を抑えていたひとや、「わたし」を見失わなかったひと、隣人に思いやりのあることばをかけたり、なけなしのパンを譲ったりしていたひとびとに出会うなかで（110〜111頁参照）、こう述べる。「人間はひとりひとり、このような状況にあってもなお、収容所に入れられた自分がどのような精神的存在になるかについて、なんらかの決断を下せるのだ。典型的な「『被収容者』」になるか、あるいは収容所にいてもなお人間として踏みとどまり、おのれの尊厳を守る人間になるかは、自分自身が決めることなのだ」（111〜112頁）。

フランクルは、「『わたしが恐れるのはただひとつ、わたしがわたしの苦悩に値しない人間になることだ』」というドストエフスキーのことばを引用し、こう述べる。「この究極の、そしてけっして失われることのない人間の内なる自由を、収容所におけるふるまいや苦しみや死によって証していたあの殉教者のような人びとを知った者は、ドストエフスキーのこの言葉を繰り返し噛みしめることだろう。その人びとは、わたしはわたしの『苦悩に値する』人間だ、と言うことができただろう。彼らは、まっとうに苦しむことは、それだけでもう精神的になにごとかをなしとげることだ、ということを証していた」（112頁）。

「わたしがわたしの苦しみに値する人間になること」とは、苦しむことには意味があると信じることだ。フランクルは、苦しむことの意味を肯定する。「行動的に生きることや安逸に生きることだけに意味があるのではない。そうではない。およそ生きることそのものに意味があるとすれば、苦しむことにも意味があるはずだ。苦しむこともまた生きることの一部なら、運命も死ぬことも生きることの一部なのだろう。苦悩と、そして死があってこそ、人間という存在ははじめて完全なものになるののだ」(113頁)。

フランクルは、強制収容所で、数日の内に死ぬことを悟っていた若い女性のことばを紹介している。「『運命に感謝しています。だって、わたしをこんなにひどい目にあわせてくれたんですもの』」(116頁)。「『以前、なに不自由なく暮らしていたとき、わたしはすっかり甘やかされて、精神がどうこうなんて、まじめに考えたことがありませんでした』」(同頁)。病棟の外のマロニエの木を指差して、彼女はこう語った。「『あの木が、ひとりぼっちのわたしの、たったひとりのお友だちなんです』」(同頁)。「『あの木とよくおしゃべりするんです』」(117頁)。不思議に思ってたずねると、彼女はこう答えた。「『木はこういうんです。わたしはここにいるよ。わたしは、ここに、いるよ、わたしは命、永遠の命だって……』」(同頁)。

フランクルは、生きる意味を見失い、生きていてもなにもならない、人生に期待するものはないと、よりどころを無くして、あっという間に崩れていったひとを何人も見た。しかし、彼は、それでいいのだろうかと問い、力強くこう宣言する。「ここで必要なのは、生きる意味についての問いを百八十度方向転換することだ。わたしたちが生きることからなにを期待するかではなく、むしろひたすら、生きることがわたしたちからなにを期待しているかが問題なのだ、ということを学び、絶望している人間に伝えねばならない」(129頁)。

「具体的な運命が人間を苦しめるなら、人はこの苦しみを責務と、たった一度だけ課される責務としなければならないだろう。人間は苦しみと向きあい、この苦しみに満ちた運命とともに全宇宙にたった一度、そしてふたつとないあり方で存在しているのだという意識にまで到達しなければならない。だれもその人から苦しみを取り除くことはできない。だれもその人の身代わりになって苦しむことをとことん苦しむことはできない。この運命を引き当てたその人自身がこの苦しみを引きうけることに、ふたつとないなにかをなしとげるたった一度の可能性はあるのだ」(131頁)。

このように考え、苦しむことの意味に気づいたひとびとにとっては、苦しむことはなにかをなしとげるという性格を帯びるようになった(132頁参照)。「詩人のリルケを衝き動かし、『どれだけ苦しみ尽くさねばならないのか!』と叫ばせた、あの苦しむことの性格を帯びていたのだ」(同頁)。苦しむことは、回避すべきことではなく、課題として受けとめるべきひとつの可能性として意識されるようになったのだ。苦しみに打ちひしがれて、折れて崩れるのではなく、苦しみが自分にしか引き受けることのできない唯一の機会と覚悟して、「精神の自由」に賭けたひともいたのだ。

「第二段階 収容所生活」のおしまいで、フランクルはこう述べている。「わたしたちは、おそらくこれまでどの時代の人間も知らなかった『人間』を知った。では、この人間とはなにものか。人間とは、人間とはなにかをつねに決定する存在だ。人間とは、ガス室を発明した存在だ。しかし同時に、ガス室に入っても毅然として祈りのことばを口にする存在でもあるのだ」(145頁)。

われわれの人生は思い通りになることは少ない。意志は簡単に挫折し、未来への希望が不慮の災難によって絶たれることも度々だ。かつて仏陀も述べたように、人生は苦しみの連続でもある。いくつかの苦しみは、しばしば向こうからやってきて、われわれの人生を打ち砕いてしまう。平穏な日常が、病気や強盗の侵入や、軍隊の乱入、自然災害などによって非常時に変わる。苦しみが重くのしかかり、人生は暗転する。しかし、人間は理不尽な状況に一方的に押しこめられてしまう存在ではない。フランクルが述べたように、苦しみや困難を乗り越えることを責務として引き受け、状況に自発的に立ち向かう存在でもあるのだ。

「第三段階　収容所から解放されて」のおしまいの方で、フランクルはこう述べる。収容所では、「わたしたちを支え、わたしたちの苦悩と犠牲と死に意味をあたえることができたのは、幸せではなかった。にもかかわらず、不幸せへの心構えはほとんどできていなかった。少なからぬ数の解放された人びとが、新たに手に入れた自由の中で運命から手渡された失意は、のりこえることがきわめて困難な体験であって、精神医学の見地からも、これを克服するのは容易なことではない」(156頁)。フランクルは、戦後も一貫して、この困難な体験に立ち返って考えることをやめなかった。

収容所での体験は、フランクルに「人間とはいったいどういう存在なのか」という問いをつきつけた。フランクルはこの問いに答えるために、人間の自由や人生の苦悩と絶望、生きることの意味と希望といった問題について徹底的に考え抜いた。その思考の軌跡は、『死と愛――実存分析入門――』(一九五七)、『それでも人生にイエスと言う』(一九九三)、『苦悩する人間』(二〇〇四)、『人間とは何か――

実存的精神療法――』（二〇一二）といった著作のなかで表現されている。それらの本を読み、フランクルと対話することは、戦争や災害などによって苦しむ人間が増え続ける状況のなかで、われわれがどう生きるかを考える機会となる。

3月2日

本の魅力

――管啓次郎の読書論・書評・詩――

管啓次郎の『本と貝殻――書評／読書論――』（コトニ社、二〇二三年）は、本を愛する管が選り抜きの本を紹介する読書案内である。「I　読むことにむかって」、「II　心の地形　30」、「III　読売書評2012－2013」、「IV　四つの解説、対話ひとつ」からなる。冒頭に「本と貝殻」と題する長詩が置かれている。

Iのなかの「立ち話、かち渡り」で、管は「日常的・継続的に『本を読もう』という意志」（19頁）をもつ人を念頭にして、自身の本への関わり方を二点取りあげている。われわれの生涯は短い。本は無限にある。それでは、どんな本を読むのか。選択が必要になる。そこで、管流の「本の読み方における二つの態度」（同頁）が語られる。そのひとつは、「知らない本たちのことを知らない人間のごとくに考えてみる」（22頁）ことだ。人との立ち話がしばしば影響を残すように、本の立ち読み、「一瞬の閃光のような『閃き読み』」（23頁）も心に残るのだと管は言う。「本と積極的に立ち話をしよう。それはこの世の暗闇を歩いてゆくための、小さな光を与えてくれる」（同頁）。もうひとつは、「かち渡り」

（同頁）だ。かち渡りとは、川の流れを徒歩で渡りたいときに、いくつかの石を投げこんで足場を作って渡ることだ。読書の場合にもこの作業をすればよい。適当なページを開いて読めそうな箇所を探す。それを起点として次を探す。それを繰り返すとなんとか読み終えることができる。川を渡り終えたとき、本を読み終えたとき、自分がすでに不可逆的な変化を経験したことがはっきりとわかる（24頁参照）。

一九世紀末、神霊術が流行した時代に、人間の魂が「半物質化」し、口からモヤモヤとしたもの（エクトプラズム）が出てくると考えられた（27頁参照）。本を読むときには、固体としての本からこのエクトプラズムが立ち上り、読者にとりつき、しみこんでゆくと管は言う（同頁参照）。読書は、まぎれもなく変身の経験となるのだ。

図書館が大学の中心的な場所であり魂だと心の底から実感してほしいと、大学教員としての管は大学生に望んでいる。本との出会いはこう表現されている。「適当なページをぱらりと開いて、目についたセンテンスを読んでみるといい。そこですでに火花が散りはじめる。エクトプラズムが立ち上りはじめる。本の中から何かがやってくる。それはきみを作り替える何か、少なくともきみの言語を組み替えてしまう何かだ」（29頁）。図書館への招待文を引用しておこう。「図書館こそ真の変革の装置であり、きみにとっての〈大学〉の中心的な場となることだろう。きみがそこに行こうと行くまいと、図書館ではそこに集合し離散する本たちが、日々とんでもない規模と強度をもった知識の祭典をくりひろげている。大学生なら、それに参加しないという手はない」（30頁）。

図書館に足しげく通い、管の言う「知識の祭典」に参加していると、身につくのが教養である。管の定義によれば、教養とは、いま、ここに生きながら、その場にないもの、時間的、空間的に隔たったものを想像するための前提となる知識である（33頁参照）。「あらゆるものには地理的・歴史的コンテクストがある。それらを意識することは、われわれの社会の基盤がどのような層によってできているかを意識することにつながり、どんな問題がいつ生じ現在までつづいているのか、それを解決するにはどうすればいいのかを考えることにつながる」（同頁）。万物はつながっている。それゆえに、あるものを知るためには、それが結びついている他のものどもを知らなければならない。その結びつきのなかで見えていないものには、想像力を介して迫っていかなければならない。そうした試みのきっかけとなるのが本だ。本は、人間や動物の心の世界にも、植物の生存にも、アフリカの風土や南米のアマゾンにもつながっている。そのつながりの背景や歴史を考えることで、いま、ここに生きていて、まだ自分に育っていないものを見つめて、想像し、それを育てていくことができる。それが教養の意味でもある。

IIには、管が推す作品が集められている。「人生を変えるための小説へ」で、管は木村友祐の『イサの氾濫』（未来社、二〇一六年）を取りあげている。この小説は、震災の「後」を「過ぎたこと」として忘れようとする者たちに抗して書かれた、「後」を常にこの場に蘇らせようとする意志の戦いの記録だと評価されている。管によれば、日本の近代の国家・社会・産業はどんな破局を経験しようとも、その反省なき論理の自己展開を維持しているが、そのさまをごく小さな片隅の、まったく目立たない人物の形象を通じて浮かびあがらせているのが『イサの氾濫』である（102頁参照）。この小説がわれわれを思ってもみなかった方向に向かわせるとして、こう述べられている。「むかうのは世界と社会と自分と他人をめぐる新しい見方であり、考え方であり、そんな考え方を手に入れること自体が、読者をさまざまな拘束から自由にする。その自由はまだ予感のようなものにすぎず、ひとりひとりの読者は指にささった棘のようにそれを経験するにすぎないとしても、その棘、その痛みが初めて作り出す新たな集団がある。その集団は、小説作品という棘に出会うまでは、ただ潜在しているだけ。作品が、潜在する読者たちの心のかけらを振動させ、加熱し、暴発させ、反乱させるのだ」（101～102頁）。小説は読者の人生を変え得るということが、熱量たっぷりの表現で強調されている。

「肉食について真剣に考えるために」では、ドミニク・レステルの『肉食の哲学』（大辻都訳、左右社、二〇二〇年）が話題だ。管の告白と自己批判、自己卑下から始まる。「命を奪うのにみずから手を下したわけでもない肉を、その来歴もよく知らないままに商品として買い、それを平気で食べている。そこに潜む無責任さ、卑怯さ。（中略）そんな食肉消費者としての私は、（中略）たしなめるべき、笑うべき、憐れむべき存在かもしれない」（111頁）。

この本で、レステルは肉食を擁護し、菜食主義者に疑義を唱えている。レステルによれば、生きることは傷つけ、傷つけられることであり、罪を免れない。肉を食べる罪を免れることができないのがひとである。他方で、動物の肉を食べることを拒否し菜食を選ぶひとは、植物は食してもよいという勝手な理屈をつけて自分の行動を正当化している。植物も生きて呼吸しており、人間以上に鋭敏な感覚をもっているということは無視されているのだ。

レステルは、現代のグローバル消費社会において、ひとが傲慢なまでに生命を軽視、侮蔑していることを深く憂慮している（114頁参照）。管はこの点にもっとも注目している。われわれの社会では、「『地球で生きる生命の総体に対する、止むことのない自殺的攻撃』」（同頁）が繰り返されているのだ。

レステルはまた、気候変動だけでも西洋型自由民主主義の終わりを告げるには十分だと考えている（115頁参照）。「非人間の生命を略奪しつくした上に、人類自身も滅びを選ぶのか。それともここで態度を改めて山川草木鳥獣虫魚の声に耳を傾け、別の未来を探るのか」（同頁）という課題が突きつけられている。人間による万物（生命的自然）の抑圧と破壊が続けば、万物との親和的共存の道が完全に断たれてしまうだろう。その先の滅亡を予感するひとも増えている。滅亡を回避しようとする動きが顕著になる日ははたして来るのだろうか。

「生命をめぐる態度の変更について」では、生田武志の『いのちへの礼儀―国家・資本・家族の変容と動物たち』（筑摩書房、二〇一九年）が紹介されている。管は冒頭で言う。「あなたもとっくに気づいていたはずだ」（126頁）。「ヒトの原罪とも呼べる日々の事実に。動物たちに対する恐るべき残虐、動物の命に対する途方もない負債がそれだ」（同頁）。これまで、動物たちは、肉、毛布や骨、卵や乳、労働力、実験材料、ペットなどとして利用されてきた。こうした動物虐待の歴史を踏まえて、「本書だけは、ぜひ読んでほしい」(同頁)と管は言う。その理由をこう述べる。「われわれの社会はすでに、ヒトと動物との関係を全面的に考え直さなければやっていけない段階に達していると思うからだ。動物の命を考え、そのむこうに広大にひろがる植物や菌類の命を考え、地球生態系の中での人間の位置を深刻に反省する必要がある」(126〜127頁)。

生田は、本書で、「人間と動物との共闘」(128頁)を説く。重い病気をかかえて、ほとんど誰にも反応を見せなかったイギリスの少年が、野生動物センターで子オオカミと対面する場面が抜粋されている。「両者は見つめ合う。子オオカミが少年の顔を舐めはじめる。少年の目から涙が湧き頬を伝う。いったい何が起きたのか。確実にいえるのは、必要な共闘は種を越えた共闘にはじまることだ」(128頁)。管はこう締めくくっている。「命を生かす。より少なく傷つけ合う。そんな文明への転換をめざそう」(同頁)。

Ⅲの書評では、選りすぐりの本が選ばれているが、出口顯『レヴィ=ストロース—まなざしの構造主義』(河出ブックス、二〇一二年)だけを取りあげる。管は、「遠いまなざし」と翻訳される世阿弥の「離見の見」をこう説明している。「自分が属する『ここ』の社会と文化を別の時代や場所からの視線により見つめ直し、または『あそこ』へと出かけて行ってはそこで動き話し見る演技者としての自分を観客の視点から見る。民俗学=文化人類学のもっとも基本的な約束事だろう」(175頁)。「ここ」から「あそこ」へ移動すれば、「あそこ」で見えるものが、「ここ」を見つめるために役に立つ。場所移動によって、相対的なまなざしが獲得されるのだ。

管は現状をこう危惧している。「市場経済のグローバル化と人口爆発により自然の収奪がここまで進み、閉鎖系としての熱バランスさえ失われそうな地球で、はたして人類にはどんな未来があるのか、ないのか」(175頁)。それを見定めるためには、「〈近代〉そのものの『離見の見』から出発する以外にない」(同頁)と管は言う。現状から距離を取り、慣れ親しんだ考え方を離れて、別の仕方で現状を見つめ直すことが求められているのだ。

Ⅳでは、「過去はつねにこれから到来する……エドゥアール・グリッサン」が刺激的だ。管と評論や翻訳で著名な中村隆之との対話だ。グリッサンは、一九二八年にカリブ海・マルティニック島に生まれ、二〇一一年にパリで亡くなった。詩作から出発し、その後小説を執筆するようになった。ふたりの対話では、管が訳した歴史小説の『第四世紀』に焦点が当てられている。この小説は、アフリカ系のふたつの奴隷の家系を中心に進むが、この家系のルーツは、同じ奴隷船に乗っていたふたりの男であった。小説では、それぞれの家系の子供や孫の物語が続く。アフリカから奴隷船で見知らぬ島に連れてこられ、数々の苦難を経た黒人の歴史は白人層からは完全に忘却され、その歴史を知る人も少ない。グリッサンが、その闇の歴史を小説の言語で明らかにした点を、管は高く評価している。管はこの歴史小説を訳して、「〈歴史〉を軽視した、都合の悪いものすべてを忘却したがっているプルトクラシー（金権）社会に対していったい何ができるのか」（309頁）と問う。中村は、その問いを「特に若い人たちに伝えないといけないでしょう」（同頁）と答える。中村は、グリッサンの歴史小説を「オーラルな世界の中に押し込められてきたアフロクレオルの記憶を文字で語り直す点で、今日の〈歴史〉を欠いた〈歴史〉の対極にある作品」（同頁）と見なしている。

管啓次郎の詩集『一週間、その他の小さな旅』（コトニ社、二〇二三年）は、やわらかい言葉で旅の記録をつづったものである。「こころ」と題する詩を引用してみよう。

言葉はきみのものじゃない
木の葉や貝殻のように
そっと借りてきて並べてごらん
みごとな美しさ
そのかたちと色合いが
きみを自由にする
命はきみのものじゃない
地球の生命はひとつで

きみはその小さな小さなかけら

鮭もきつねも
椎の木も昆布も
私たちはみんなひとつの命

心もそうさ
ひとり孤立した心なんかない
いま舞っている落葉、空をゆく雲
いま降ってきた雨、打ち寄せる波
すべてはきみの心だ
世界の広大でたしかな美しさ
きみはその小さなかけら（136〜137）

言葉、命、心を寿ぐ詩だ。言葉を意のままにしていると思っているひとがいるかもしれない。そうではない。言葉は授かりもの。だからこそ、それを大切に育てていかなければ…それこそが自由の証なのだ。

命も贈りもの。地球の命は大きな命で、万物はその命に支えられた小さなかけら、ひとも同じだ。心は、万物とつながっている。万物の美しさが、心の美しさにつながっていく。

詩の言葉は心に響く。その響きが心にうるおいをもたらす。木の葉が雨に打たれてみずみずしく輝くように、心も言葉に洗われて蘇るのだ。

おわりに

本書は、『18歳の読書論――図書館長からのメッセージ――』から始まったシリーズの七冊目の本である。今回は、タイトルを『もっと本が読みたくなる読書論――図書館長からのメッセージ――』に改めた。阪南大学に在職していた二〇一〇年から、退職後の現在にいたるまで、図書館のHPに連載させていただいたが、これで締めくくりになる。

多くの方々の寛容で忍耐強いご助力とご協力のおかげで、このような拙い書物が七度までも日の目を見ることができた。毎回、拙文を印象深い、すてきな画像で飾ってくださった図書館職員の三笠範香さんにまずもって御礼申しあげたい。また、忙しい時間を割いて、「おすすめの一冊」のHP掲載にご協力いただいてきた図書館のスタッフの皆さまにも心より感謝申しあげたい。

毎回、拙文に目を通して、文章のほころびを修正してくれた妻のゆりえにもこの場を借りて御礼を言わなければならない。

そしてもちろん、これまで長い間、出版のためにお骨折りいただいた晃洋書房の井上芳郎さん、今回校正作業を担当してくださった坂野美鈴さんを始め、いろいろとお世話になった晃洋書房の編集部、営業部の皆さまにもあらためて衷心より感謝の念を表したい。皆さま、本当にありがとうございました。

なお、本文中の敬称の省略については、これまでと同様に、お許しいただきたい。

スマホなしには片時も暮らせないひとびとが増えても、対話型ＡＩが威力を発揮する時代になっても、紙の感触を楽しみ、ページをめくりながら思索の時間を享受するひとは減らない。いい本と出会えることは、間違いなく最大の幸福のひとつだ。いい本は、読み手の考え方に変化をもたらし、想像力を刺激し、時には読み手を叱咤したり、ショックを与えたりする。そうした経験が、内的な変身と人間的な成長に結びついていく。

本書は、これまでのシリーズと同様に、とりわけ若い読者に読んでほしい本を念頭に置いて「おすすめの本」を選んだ。本の世界に魅了されるひとが少しでも増えることを切望するものである。

二〇二三年　初秋

和田　渡

危機の時代を生きる
若い世代への期待

水の惑星の変貌と危機
いま世界で起きていること

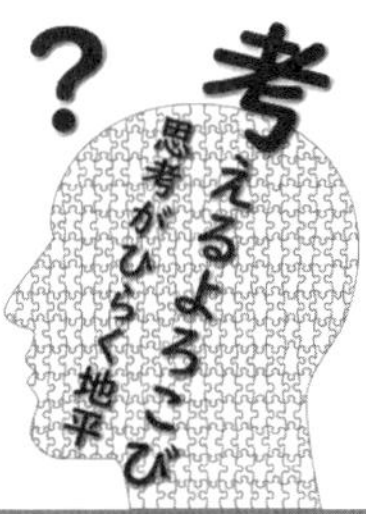
考えるよろこび
思考がひらく地平

文学と宗教への招待
―若者たちへ―

経済の話
Yanis Varoufakis
ヤニス・バルファキスはこう考える

啓蒙と教養
カント・村上・亀山の提言

挑戦する人生

ふたりのメジャーリーガーと本
菊池雄星と大谷翔平

詩と哲学の二重奏
ふたりの詩人とひとりの哲学者

詩と真実

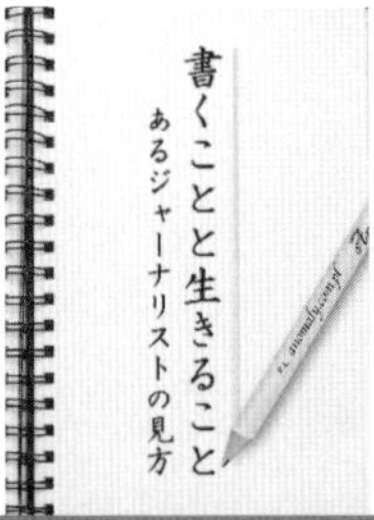
書くことと生きること
あるジャーナリストの見方

ふたつの言語を生きる
フランソワ・チェンの歩み

図書館長
見る
経験への問いかけ
身体とのあたらしい出会い
さわる
経験へ
触覚の讃歌
サマセット・モームの世界
「雨」と『サミング・アップ』
W.Somerset Maugham
Mark Twain
マーク・トウェイン
人間とはなにか
ボーヴォワール
Simone de Beauvoir
母国を離れて生きる
母国語を離れて
away from native language
生かされて生きること、
ことばによって生きること
いきることを学ぶ
絵本はこころの扉を開く
READING PICTURE BOOKS
本の魅力
『夜と霧』
心理学者の強制収容所での体験報告
バンコクからの報告
アジア管見
インドの衝撃、
日本の驚愕

人名索引

あ

か

な

は

ま

や

ら・わ

書名索引

た

な

は

著者紹介

和 田　　渡（わだ　わたる）

1949年生まれ
同志社大学大学院文学研究科博士課程単位取得
現　在　阪南大学名誉教授
専　攻　哲学

著　書
『自己の探究』ナカニシヤ出版，2005年.
『18歳の読書論――図書館長からのメッセージ――』晃洋書房，2013年.
『続・18歳の読書論――図書館長からのメッセージ――』晃洋書房，2014年.
『新・18歳の読書論――図書館長からのメッセージ――』晃洋書房，2016年.
『19歳の読書論――図書館長からのメッセージ――』晃洋書房，2018年.
『20歳の読書論――図書館長からのメッセージ――』晃洋書房，2020年.
『大学１年生の読書論――図書館長からのメッセージ――』晃洋書房，2022年.
共　訳
『身体　内面性についての試論』ナカニシヤ出版，2001年.
『使える現象学』筑摩書房（ちくま学芸文庫），2007年.

もっと本が読みたくなる読書論
――図書館長からのメッセージ――

2024年７月20日　初版第１刷発行　　＊定価はカバーに
2024年10月15日　初版第２刷発行　　表示してあります

著　者　和　田　　渡©
発行者　萩　原　淳　平
印刷者　河　野　俊一郎

発行所　株式会社　晃　洋　書　房
〒615-0026　京都市右京区西院北矢掛町７番地
電話　075(312)0788番(代)
振替口座　01040-6-32280

装幀　HON DESIGN（小守いつみ）　印刷・製本　西濃印刷㈱
ISBN 978-4-7710-3804-2